JN026384

危機突破力

渋沢栄一と明治の起業家たちに学ぶ

加来耕三

はじめに

避けようとしても、起きてしまうのが失敗（しそこない、やりそこない）である。

冒頭から尾籠（びろう）な（はばかられる）挿話で恐縮だが、長暦四年（一〇四〇年・この年の十一月十日に「長久」へ改元）の六月十五日、厳粛な宮中で一発プッとおなら（屁（へ））をしてしまった藤原義忠（ふじわらののりただ）は、

「屁をひって尻をすぼめ」（過失をしてはごまかすたとえ）

とはならず、島流しの罰を与えられた（実際に、島流しが執行されたどうかは不明）。

それにしても、生理現象である。義忠は我慢できず、止めようがなかったのだろう。

彼は翌年十月、吉野川の舟遊び中に舟が転覆し、水死している。享年は不詳。

実に残念な、気の毒な晩年であった。

ところが、おなじおならをしながら、罰せられるどころか〝得〟をした人も、歴史上には存在した。天下人となった豊臣秀吉の御伽衆（おとぎしゅう）・曾呂利新左衛門（そろりしんざえもん）（名は杉本新左衛門、杉

本甚兵衛、坂内宗拾ともいい、堺の鞘師であったと伝えられる）である。

秀吉の御前にまかり出た新左衛門、場所柄もわきまえず、ついプーとやってしまった。怒った秀吉は手にしていた笏で、新左衛門の頭を打擲する。すると新左衛門の頭に、大きなこぶが二つできた。彼は即興で、次のように吟じたものである。

〽おならして国二ヵ国を得たりけり
　頭はりまに尻はびっちゅう

相手は秀吉である、ニヤッと笑って新左衛門の機転に気をよくした彼は、播磨（現・兵庫県南西部）と備中（現・岡山県西部）に合わせて二千石を加増したという。

義忠も曾呂利も、悲喜こもごもの涙を流したかもしれない。

さて、人は一生に何度、泣くか——。

世界の平均寿命を約七十二歳（ＷＨＯ調べ・二〇二〇年版）として、少なくとも月に一度泣くとすると、人は八百六十四度泣くことになる（ある研究によれば、世界平均で男性が月に一回、女性が二・七回泣くという）。

しかしこれは、喜怒哀楽——感情の起伏によって生じた涙である。われわれ人間の上瞼の内側の隅に、涙腺と呼ばれる涙を出すところがあり、まばたきするたびに、少しずつ涙を分泌している。これは失敗してくやし涙を流したり、成功して嬉し涙を流すのと、生理現象としては少しも変わらない。

瞼は自動的に、平均して六秒に一回、閉じたり開いたりするから、一日十六時間、起きているとすると、一年間に約三百五十万回、七十二年の人生ならば二億五千二百万回、人は泣く計算になる。

嬉し泣きならば何度泣いてもいいが、困るのは苦杯をなめて流す涙であろう。

人は誰しも、最初から失敗を望んで、事に臨むことはない。懸命にできるかぎりのことを、やっている。しかし、それでも起きるのが失敗である。

「弘法（空海）にも筆の誤り」

という。空海のように、〝天下の三筆〟に数えられるほどの、書道の達人、博学教養にすぐれた人でも、ときには失敗もするのである。

ちなみに、この諺は史実であるらしい。『今昔物語集』の巻十一の第九話に、

「応天門の額、打付て後、是を見るに、初の字の点、既に落失たり」

とあった。

応天門は平安京の政庁・大内裏朝堂院の南面にある門だが、その額の「応」の字の点を、空海は書き忘れてしまったというのだ。もっとも、都の正門であるからには、その字はより複雑な旧字の「應」であったろうから、書きにくかったともいえるが。

空海がそれで後悔の念に苛まれ、くやし涙を流したかどうかは定かではないが、どれほど優秀な人でも、決して例外とはなりえないのが失敗である。

あるいは、唐突に現われる危機、予想を超えた苦難――避けようとしても、巻き込まれる「死地」（生きる望みのないような危険な場所、機会）は誰にでも訪れた。

避けて通れない「死地」に追いつめられたならば、まずは細心の注意を払って、より以上の失敗を起こさないように最善をつくし、遭遇した危機、失敗と付き合い、これを何とか乗り越える工夫をして、生きていくしか方法はない。

――「納豆」は失敗によって生まれた、との俗説がある。

後三年の役（一〇八三～八七）に、八幡太郎義家（清和源氏系河内源氏の三代）が奥州の安倍貞任を討つべく、平泉付近（現・岩手県西磐井郡平泉町）に陣をしいて、腹がへっては戦ができぬ、と近所から集めた大豆を煮ているとき、敵の襲撃をうけてしまう。

「しまった！」

と思うものの、応戦の準備が整わない。

義家はしかたなく、陣を払って逃げたが、このとき彼は煮た大豆をもったいない、と藁(わら)俵(だわら)につめて、馬の鞍に乗せて逃げたという。逃げきったあとで、その大豆を取り出してみたら、納豆ができあがっていたというのだ。

関西では、「この腐った大豆は馬も食べず、腹をすかした源氏は食った」——こんなものは食べるものではない、とつづくのだが、これはもとより史実ではあるまい。

蛇足ながら、関東と関西の境は、現在の京都府と滋賀県の境にある逢坂山(おうさかやま)という小高い山とされている。昔ここに、「逢坂の関」という関所があった。

ここを通ると、東国から京の都へ入れたのである。

しかし、「納豆」の誕生譚(ばなし)ではないが、「失敗は成功のもと」（失敗することによって、物事への注意力や慎重さが増し、成功への礎(いしずえ)が築かれること）はあり得る。

先述のおならも同断。おならの臭さの原因は、ごく少量のスカトール（メチルインドール）、インドール、硫化水素などが原因とされているが、なかでも元凶はスカトール。

ところが、このスカトール、高級な香水にはほんの微量ながら、かくし味ならぬ、かくし香（匂い）として、必ず含まれていた。失敗は成功と共に生きていたわけだ。

もっとも、現実の危機管理（クライシス・マネジメント）においては、「失敗は成功のもと」とは判断されず、失敗は冷酷にマイナスとしてしか省みられることがない。

とくに「昭和」の後半から、「平成」「令和」と進むにしたがって、失敗への寛容さがなくなってしまった。

なぜか、受験勉強がそうであるように、決められた設問への「解」を最短で出す方法ばかりを、現代社会は教えてきたからだ。成功事例のみを重視する学びは、とりわけスマホ（スマートフォン）が普及してから顕著となったように思われる。

なるほど、成功事例をマネすることが、成功の近道だった「昭和」の高度経済成長期時代には、それなりに意味のある〝学び〟であったかもしれない。決められた設問に、正確な「解」を、素早く出した者が勝者となった時代が、かつてはあった。

この方法では、結果としてしくじったもの、失敗したものは、

「ダメなやつ」

という烙印を押されることになる。消すことのできないバッテンを一度つけられると、再びそこから這い出すのは困難を極めた。

ちなみに、このダメ＝「駄目」は、もともと囲碁の用語である。碁は領地争いをして、より多くの〝目〟を囲み取った方が勝ちになる遊びだが、打っているうちに、自分の領域にも、対局相手の領域にも属さない「無駄な目」が生まれる。双方の利得にならない目、これが「駄目」。それでも、一目を争って決着をつけるときには、どの一目が自分の領域になるか、相手のものになるか、「駄目を押す」ことになる。

だが、ダメの烙印を押す＝成功事例をマネする、従来の「解」の求め方は、バブル経済がはじけ、リーマンショックやコロナ禍が発生すると、通用しなくなってしまった。「令和」の昨今では、これまでの成功事例が通力を持たなくなってしまったからだ。

求められるのは、危機突破の創造力であり、未知なる世界に乗り出す新たな海図を、自ら描くことである。新しいものを創り出すとき、避けてとおれないのが失敗であり、危機管理であって、マイナスをプラスに活かして成功に導き得るかどうか、であった。

本書には十九世紀の半ば、欧米列強の植民地化政策に抗（あらが）いながら、近代国家の仲間入りをめざした人々――二十一世紀の今日にもつながる企業を創業・承継した人々――の逆境・苦難をどのように乗り越えたかを、その分岐点を中心に集め、分析したものである。

歴史学にいう「起業家史学」(entrepreneurial history) の重要なテーマでもあった。

経済学者ヨーゼフ・シュンペーターの理論を借りれば、「革新（イノベーション）」であり「創造的破壊（クリエイティブ・ディストラクション）」と名づけられた、次の五つの分類が骨格となっている。

一、新製品あるいは新品質製品の生産
二、新生産方法の導入
三、新市場の開拓
四、原料あるいは半製品の新しい供給源の獲得
五、新しい組織の実現

この「革新」を遂行する過程で、かならず生じるのが失敗であった。否、起業・創業とは、噴き出す失敗との闘いといえるかもしれない。起業家、創業者となり得た人々は例外なく、失敗というマイナスをプラスに転じることのできた人々であった。失敗の反対は成功ではない。失敗の反対は何もしないこと、動かないことである。失敗の延長線上にこそ、成功はある。

ただし、乗り越えられてこその成功であった。

「成功とは意欲を失わずに、失敗に次ぐ失敗を繰り返すことである」（イギリスの首相チ

ヤーチル）

「失敗に達人などというものはいない。誰でもみな失敗の前には凡人（ぼんじん）である」（プーシキン著『大尉の娘』）

「人生に失敗がないと、人生は失敗する」（精神科医・斎藤茂太（しげた））

多くの人々は、実行に移す前に頭で〝これから〟を割り切ろうとする。個人の頭脳で計れる未来など、歴史学的にはほとんどないのにもかかわらず、である。やってみなければわからないのが、未来なのだが……。

「実地を踏んで鍛え上げない人間は、木偶（でく）の坊（ぼう）と同じ事だ」（夏目漱石著『明暗』）

転びながらも、その都度立ち上がり、体当りをつづけていく人が、不思議なくらい成功者となっている。これは本書に集めた、歴史評伝の実例研究（ケーススタディー）である。

右か左か――同時には存在し得ない失敗した自分と、成功したかもしれない自分を比較してみても、意味はない。

「あの時、決断していればよかったのに――」

と、後悔するよりも、その後、自らが何をどのように行動したか、を問いかける方が人生には大切である。重要な意思決定を決断できず、先送りすれば、結局は何も残らない。

ただ、限りある人生を輝くものにすることを考えたとき、最善の決断を行う努力をしても、失敗に足をとられていては、その先の成功にたどり着くのに時間がかかってしまう。

「十回、尋ねるほうが、迷うよりはまし」

というユダヤの格言もある。

先人の失敗、危機管理に学び、同じ蹉跌（さてつ）を踏まないように、予防することは重要であるに相違ない。

本書には、目次にない主要人物「小栗上野介忠順（おぐりこうずけのすけただまさ）」を加えると、十一人の企業創業・継承者が登場する。

読者の中には、「DX」（デジタル・トランスフォーメーション）の現代、明治・大正・昭和の経営者に、何をいまさら、と学ぶ意義を見出せない方がいるかもしれない。

が、歴史はくり返す――なぜならば、人が生きていくうえでの原理・原則は変わらないからだ。「DX」はデジタルとリアルの融合でしかない。生身の人間が根本であるかぎり、失敗の本質において、過去も現在も未来も変わることはない。

変化するのは、これまで物質的な豊かさを追い求めてきたものが、これからは安全と幸福を目指す方向に、大きく軸足を移そうとするだけのことである。

おそらくこれから先、大きく伸びるビジネスのヒントも、ここにあるに違いない。

ぜひ、産業立国日本を築いたほどの人々でも、最善をつくながらやってしまった失敗、遭遇してしまった唐突な苦難に、読者ご自身を想定しつつ、その危機突破力、脱出方法、逆転の方策を学んでいただけたならば、これにすぎたる喜びはない。

なお、本書は先に刊行し、版を重ねながらご好評をいただいている、『歴史の失敗学25人の英雄に学ぶ教訓』の姉妹編とお考えいただければと思う。

最後になりましたが、引きつづいての編集の労をとって下さった日経BPの田中淳一郎氏に、この場を借りて心よりお礼を申し上げる次第です。

令和三年新春　東京・練馬の羽沢にて

加来耕三

第二章

危機管理力

第三章

先見力

第一章

胆力

否定的(ネガティブ)思考を肯定的(ポジティブ)思考に変えて〝日本資本主義の父〟となった

渋沢栄一

封建制に憤る

起業家は誰しも、成功することを念頭に事業を始める。

最初から、失敗することを望んで行動する人はいまい。

ところが、なかには十分な勝算のないまま、なんとかなるだろうとの希望的観測でGOサインを出し、本人や周囲の人々の意図しなかった結果=倒産にいたる事例(ケース)が、甚(はなは)だ多い。

——失敗の原因は、それこそいくつもあったろう。

好敵手(ライバル)を意識しすぎた。味方(ファン)に頼りすぎた。攻めより守りを重視しすぎた。逆に攻めに

目がいきすぎ、守りを疎(おろそ)かにした。優秀な人材を加えることができなかった。人の好き嫌いが激しすぎた。目的と手段を混同してしまった――云々。

しかし、スタート時点での失敗の多くは、自らの計画に固執(こしつ)するあまり、耳障り（聞いて嫌な感じがすること）を遠ざけ、自分に賛同する意見ばかりをまわりに集めたことが、原因の大半を占めていた。

日本に数多くの近代企業を創設しながら、それらを財閥化して、自ら頂きに君臨することなく、新しい時代の企業経営者の育成に懸命となった渋沢栄一も、そうした一人であった。

彼の場合は、ときの政府＝幕府の転覆を計画した国事犯、テロリストであり、もし実行していれば後年の〝日本資本主義の父〟と敬慕される、渋沢の偉業はなかったろう。

このおり彼は辛(から)くも、実行に移すほんの手前で、状況の変化を説く仲間と激論を闘わせたあげく、ようやく思いとどまることができた。しかも、その結果としての逃亡者という逆境から、次の展開で自らを成功者に導くことになる。

渋沢が明治になって唱えた、「道徳と経済の合一」を理念とする生き方は、考えてみればそもそもは、〝独善（ひとりよがり）〟を排除するところから始まっていた。

一代の〝財界の大御所〟となった彼は、儲かりさえすれば何をしてもいい、とにかく利益が上がればそれでよいのだ、とする営利第一主義＝〝独善〟を、徹底して嫌った。

筆者はその根底に、若き日の自らの〝独善〟による失敗が、根ざしていたように思われてならない。

営利の追求も資本の蓄積も、道義にかなったものでなくてはならない。

すなわち、公明正大にやれ、と渋沢はいう。仁愛と人情に基づいた企業活動を、民主的で合理的な経営のもとで行えば、国は栄え、国民生活も心の豊かなものになると説き、これを単なるスローガンに終わらせぬように、自らを戒め（いまし）め、その実践に生涯を費やした。

その成果は、第一国立銀行をはじめ、五百余りの企業群を育て、六百以上の社会事業に貢献する形で残された。しかも彼は、自らすすんでそれら企業群を、自己の財閥にしようとはしなかった。

黎明(れいめい)期の近代日本が、この比類なき良質な経済界の将帥(リーダー)を持ち得たことは、実に幸運であったと言わねばなるまい。が、それは彼の猛省によるものでもあったように思われる。

天保十一年（一八四〇）二月十三日、渋沢栄一は武蔵国榛沢(ばんざわ)郡血洗島村(ちあらいじまむら)（現・埼玉県深谷市血洗島）の豪農の家に生まれている。父は市郎右衛門、母はエイ。栄一は長男である。

父・市郎右衛門は篤実勤倹の人で、この地方の特産物である藍玉(あいだま)の製造販売と養蚕を兼営。米、麦、野菜の生産も手がける、近在でも有数の富農であった。しかも、近隣での信望も厚く、学問もあり、村役人を命じられた彼は、苗字帯刀も許されていた。

恵まれた環境に生まれ育った渋沢は、六歳になると、当時の武士や豪農層の一般的学問である漢文の素読を、父の市郎右衛門について学んだ。向学心は旺盛であったようだ。

七歳で隣村に住む従兄・尾高(おだか)（おたか、とも）惇忠(あつただ)のもとに通い、四書五経や『日本外史』（頼山陽(らいさんよう)著）などを学習している。かたわら、剣術も修行したというから、同時代の武士の、正統(オーソドックス)な学習に明け暮れたということになろうか。

渋沢は十四歳で家業を手伝うようになるが、もし、このまま与えられた環境のなかで、彼が受動的な歳月を送ったとすれば、豪農の平均的な後継者として、生涯を安楽に、しかし、日本史に名を残さぬまま、この世を去った公算は高い。

――まもなく、転機が訪れる。

それも幕府の封建支配に、激しい不信と憎悪を持つ形で。

一説には、十七歳頃のことであったという。

渋沢が父の名代として、村の代官所へ赴いたことがあった。時代はすでに幕末に入っており、幕府をはじめ諸藩の財源は逼迫していた。血洗島村の領主・岡部藩一万九千余石の安部（あんべ）家も、累積赤字に閉口し、領内の豪農たちに〝御用金（ごようきん）〟を課したのであった。

集められた豪農たちは、即座に上意をお受けした。だが、はじめて参加した渋沢には、なにか釈然としないものがあったようだ。即答を避け、父に伝えて改めてお受けに参ります、と答えたところ、代官は渋沢を見下げて、

「百姓の小倅（こせがれ）が――」

と嘲弄（ちょうろう）したという。

腹立ちと口惜しさが、渋沢を襲った。これまで何不自由のない生活を送ってきただけに、彼には余程堪（こた）えたようだ。むろん、若者らしい権力への反発、憤りもあったろう。

そもそも〝御用金〟は、年貢（税金）ではない。返済されることのない、寄付の強要のようなもの。それをなぜ、あのように高圧的態度で命じるのか。まったく、理不尽である。

渋沢の怒りは早々に、社会の仕組み＝封建制度に向けられていく。
その結末が、高崎藩の城を奪い、横浜を焼き討ちする暴力(テロル)の武装決起計画となった。

自ら「死地」に陥る

ここでまず、見なければならないのは、渋沢と同じく「徳川」と「明治」の二つの時代を生きた、多くの起業家たちとの差である。

たとえば、本書に登場する安田善次郎、岩崎弥太郎、浅野総一郎、大倉喜八郎らは、こぞって身分制度の限定された(マージナル)身分にありながら、それを超越した（身分を超えた）、いわば〝境界人(マージナルマン)〟（76ページ参照）であったが、徳川幕府の身分制度と真っ向から、闘おうとした人は、渋沢以外にいない。

また、多くの勤王志士は、〝ご一新〟を待たず斬り合い、暗殺、獄死、自刃している。

文久三年（一八六三）、最も尊王攘夷のエネルギーが猛威を振(ふる)ったこの年、渋沢は同志と語らい、高崎城を攻略して、横浜を焼き討ちし、外国人を斬る、との破天荒な計画を、総勢わずかに六十数名で企てた。ときに渋沢は、二十四歳。

世間知らずの坊ちゃんが、義憤に駆られ、荒唐無稽な事件を惹き起こそうとしただけ、という人があるかもしれない。けれども渋沢はこのとき、すでに結婚しており、江戸留学も終えた知性ある人であった。前年の文久二年二月には、長男市太郎が生まれ（生後六ヵ月で夭折）、文久三年八月二十四日には、長女の歌子（宇多子）も授かっている。

徳川政権の末期とはいえ、彼の暴挙が渋沢家を崩壊させる可能性の高かった事実も、見落としてはなるまい。渋沢はそれを承知で、挙兵を企てたことになる。

豪農層（郷士株取得者も含めて）の出身者のみをみても、幕末の風雲に身を乗り出した〝志士〟の多くは、志半ばで非業の最期を遂げている。

越後国三島郡寺泊（現・新潟県長岡市寺泊）出身の本間精一郎（文久二年、二十九歳で暗殺されている）、出羽国田川郡清川村（現・山形県田川郡庄内町清川）出身の清河八郎（文久三年、三十四歳で暗殺されている）は、とくに有名だが、この年＝文久三年八月に決起、翌九月には幕府・諸藩連合によって崩壊・全滅した天誅組は、尊王攘夷（尊攘）の過激派集団の好例かもしれない。

全体として尊王攘夷勢力が、最高の盛りあがりをみせたのが文久三年であったが、八・一八のクーデターにより、薩摩藩と会津藩を主力とする幕府軍によって、彼ら尊王攘夷の急先鋒となっていた長州藩は、京から追い落とされてしまう。そのため世の中は一転、幕府の天下となった。

その、ほんの前日＝八月十七日、意気揚々と京を出陣し、大和五条（現・奈良県五條市）の代官所を襲撃した尊王攘夷派の天誅組は、時勢の急変により、幕府と諸藩連合軍によって九月二十七日に壊滅する。

その悲報をもって、渋沢の従兄弟・尾高長七郎（挙兵の頭領・惇忠のすぐ下の弟、渋沢は参謀格）が京都から戻り、意外にも自重論を説いて、決起の中止を訴えたのであった。

決起日は十一月二十三日、と決まっていた（一説に十一月十二日）。

希望的観測では、自分たちの旗上げ＝高崎城乗っ取りにより、尊王攘夷の同志がそこらじゅうから馳せ加わって、挙兵組は大勢力となり、横浜の外国人居留地を襲えば、欧米列強は黙ってはいまい。幕府は問責され、ついには顚覆にいたるは必定。そうなれば朝廷を戴く新しい世が生まれる——その先駆け、捨て石となる覚悟の決起であった。

のちに、渋沢はいう。

「僅か六十九人の同志を以て、衰へたりと雖も天下に号令を下す徳川幕府を覆へさうといふのであるから、全く正気の沙汰ではないが、当時の吾々に取っては十分の成算があったのである。いや成算があったのではない、成算があると自惚れてゐたのである」(渋沢口述・高橋重治編纂『青淵回顧録』)

自惚れた人間は、「死地」(生きる望みのないような危険な場所、機会)に陥っても始末に悪かった。無謀でもなんでも、

「我には大和魂があるし、洋夷(西洋人を侮蔑していう呼称)を懲すに持って来いの日本刀がある」(同右)

と、戦術がどれほど稚拙でも、戦略がいかに空想的であっても、予定通りに決行あるのみ。決起中止を訴える長七郎に、あくまでも我を通そうとする渋沢。

このおり、彼らに幸いしたのは、その場に客観的に、冷静に物事を考えることのできた、尾高惇忠がいたことであろう。議論のつづきは、日を改めよう、と仲裁した。

「運命は我々を災難に出逢わせるが、一方の扉を開き、必ず救いの道を残す」

とは、聖書に次いで歴史上読まれたとされる、ミゲル・デ・セルバンテスの『ドン・キホーテ』のセリフだが、八方塞がりに思われる局面にも、かならず「一方の扉」は開いているものだ。中止、撤退、退却である。

渋沢は従兄弟の渋沢喜作(のち成一郎を名乗る)と共に、尊王攘夷の本場・京都にのぼ

って再起を期す判断を下す。

考えられない転向

――ここまでは、まだよい。

「行きづまりは展開の一歩である」

と文豪・吉川英治もいっていた。

筆者が渋沢の評伝を以前に書いたおり、当初、遺憾（残念）に思い、理解に苦しんだのは、渋沢の次の動きであった。

この時代の公安警察も兼ねた八州取締（関東地方の治安維持を担う幕府の職）に、挙兵計画が漏れたかもしれない、ということで、お伊勢参りを口実に郷里を出奔した渋沢は、父・市郎右衛門から百両の餞別（せんべつ）まで受け取り、目的地の京都を目指すにあたって、いったん水戸に入って、それから江戸を目指していた。

江戸で渋沢が連絡を取ろうとしたのが、かつての江戸留学時に面識を得ていた、一橋家の用人・平岡円四郎であった。この点に筆者は苦しむ。なぜならば、渋沢は平岡の世話で、一橋家の家臣となっているからだ。元治元年（一八六四）二月のことであった。

　一橋家はいうまでもなく、徳川将軍家に連なる御三卿の一であった。御三家（尾張・紀州・水戸）とともに、「将軍」を出す資格を持っていた。渋沢が仕えた一橋家の当主は、水戸藩主・徳川斉昭の七男に生まれた慶喜であった。彼は八・一八クーデターを指揮した人物であり、のちには十五代将軍となっている。いわば、渋沢の挙兵しようとした相手、敵そのものではないか。

　嘘も方便という。尊攘過激派が壊滅した、厳戒体制の京都に入るには、なるほど一橋家の名が使えたならば、潜行はたやすかったろう。このとき一橋慶喜は、「将軍後見職」の地位にあり、同年三月にはこの役職を辞して、「禁裏御守衛総督」に直った。平岡円四郎はその補佐官の立場にある。

　しかし、一橋家の威光にすがろうとする渋沢の行為は、尊攘過激派の取るべき態度とはいえまい。『渋沢栄一伝』の著者・幸田露伴は、「奇異」と不可解さを表現していた。

〈前略〉武士となると同時に、当時の政体をどうにか動かすことはできないものであろうか、今日の言葉を借りて云えば、政治家として国政に参与して見たいという大望を抱いたのであったが、そもそもこれが郷里を離れて四方を流浪するという間違をしでかした原因であった。かくて後年大蔵省に出仕するまでの十数年間というものは、余（渋沢）が今日の位置から見れば、ほとんど無意味に空費したようなものであったから、今この事を追憶するだになお痛恨に堪えぬ次第である。（「一生涯に歩むべき道」・『論語と算盤』所収）

〝日本資本主義の父〟が、自らの人生を省みて、「痛恨に堪えぬ」と懺悔している。

彼はまた、次のようにも述べていた（いずれも同右）。

「顧うにそれ以前の立志は、自分の才能に不相応な、身のほどを知らぬ立志であったから、しばしば変動を余儀なくされたに相違ない」

「惜しいかな、青年時代の客気（勇み立つ意気、血気）に誤られて、肝腎の修養期を全く方角違いの仕事に徒費（むだづかい）してしまった、これにつけてもまさに志を立てんとする青年は、よろしく前車の覆轍（前人の失敗）をもって後車の戒めとするがよい」

筆者は晩年に比べれば、思慮浅はかであった若き日の渋沢は、自らの〝独善〟を反省しつつ、一橋家に接近することで、主君慶喜を説得し、この幕府の大立者を尊攘過激派に変えられる、と新たな〝独善〟で考えたのではないか、と思う。

つまり、これら〝独善〟こそが渋沢のいう、「以前の立志」「自分の才能に不相応な、身のほどを知らぬ立志」ではなかったろうか。彼は心底、己れの転身を「無意味に空費したようなもの」と断じていたが、筆者はそうは思わない。一橋家に渋沢が仕官することがなければ、そもそも「明治」の彼はなく、前提となる大蔵省にも辿(たど)り着けていまい。

若い渋沢には、世の中の複雑な仕組や主君となる慶喜の人間性、性格、立場として可能な限界が、何一つみえていなかったのであろう。

平岡に出仕を勧められ、慶喜に意見を言上できるならば、と一橋家の家臣となった渋沢は、平岡付の用人となり、一橋家領内での農兵編成や一橋家の財政再建に、これまで培ってきた実家での体験をもとに手腕を発揮し、同家の財政充実に寄与した功によって、ついには勘定組頭に抜擢される（平岡はその後、水戸藩士によって暗殺された。享年四十三）。

慶応三年（一八六七）正月、渋沢は慶喜の実弟・民部大輔(みんぶだいふ)昭武(あきたけ)（徳川御三卿の一・清水徳川家当主で、のち水戸藩主）のパリ万国博覧会列席及び仏国留学に従って、渡欧出張を命じられる。

注目すべきは、この時点で渋沢は二者択一(オルターナティブ)のやるか、やらぬか――これまでの攘夷論を捨てていたことであろう。フランス行きを断固、拒否する選択を彼はしていないのだから。

パリで定まった人生の方向

いつから渋沢は開国論を採るようになったか、これは定かではなかったが、渡仏の頃の彼には、直接、自らが見聞することの重大さが、認識されていたようだ。

好奇心旺盛なその性格も、この際には大いに助けとなった、というべきかもしれない。

パリへ渡った渋沢は途中、生まれてはじめての蒸気船や汽車に乗り、スエズ運河の大規模な開削工事をも目撃する。

> 此の大工事は一八六五年（日本の慶応元年）頃より起工したさうで、四五年後には全く竣成を見る予定であると聞き及んだが、私は其の工事の大規模である事よりも、寧ろ泰西（ヨーロッパ）人が独り一身一為のためのみならず、国家を超越して、進んで斯くの如き世界全人類の利益を計る為め、斯くの如き規模の遠大にして目途の宏壮なる大計画を実行する点に感服せざるを得なかった。（『青淵回顧録』）

ヨーロッパとアジアを最短距離で結ぼうとするこの巨大工事を、渋沢は多くの日本人がただただ驚嘆した、そのスケールの大きさではなく、この事業が国家を超越した「世界全人類の利益を計る為め」と見てとり、そのことに「感服」したのが、渋沢の卓越した凄味（すごみ）といってよい。

彼はこのとき、国家という最大の括（くく）りと思われてきた概念を超えた、より普遍的な思想——世界人類全体のしあわせ——に思いいたり、その方向からスエズ運河を理解し、それを受け入れられる度量を持てたということになる。

また、渋沢の豪農出身の先見性＝商人としての見込みは、スエズ運河が開通すれば、ヨーロッパとアジアを直結させる貿易航路が誕生し、商品の流通は格段に増えることを予想できたはずだ。

実はこのスエズ運河開削のアイディアは、一八三〇年頃、フランスの宗教サン＝シモン教団の教祖プロスペル・アンファンタン（一七九六～一八六四）が地中海圏構想という形で、世に問うていた考え方に基づいていた。

地中海が東洋と西洋のかけはしとなる、というこの構想は、スエズ・パナマの地峡に運河を通すことをすでに述べていた。これからフランスで渋沢が学び、明治日本に移植されることになるのが、このサン＝シモンの思想的実践方法であった。

社会変革の最も有力な武器を、この宗教では個人が持っている小さな資本を持ち寄って、共同の大きな資本に変えることに求めた。株式会社というシステムこそが、彼らの理念であったといってよい。

パリに着いた渋沢は、市中を散策しては文明について考えた。なかでも、銀行家が軍人と対等に会話を交わしている場面には、多大な衝撃（ショック）を受けたようだ。

当時の日本には、〝士農工商〟の身分格差が厳然として存在しており、実力はともかく、商人の地位はきわめて低かった。また、江戸期の日本には、「利は義に反する」といった儒教的道徳が定着しており、経済を卑しいもの、と決めつけてきた側面もあった。

ヨーロッパの文明を見聞した渋沢は、真の尊王攘夷を行う＝独立国としての尊厳を守るためにも、火急の「富国強兵」を実施せねばならず、それにはまず「殖産興業」を行わなければならないことを痛感する。

このおり渋沢の、というよりは近代日本の教師役をつとめてくれたのが、幕府によって――とりわけ小栗上野介忠順（ただまさ）主導で敷かれた幕仏同盟に拠（よ）る（第二章の三野村利左衛門を参照）――日本総領事を委嘱された、銀行家ポール・フリュリ＝エラール（渋沢のいう、フロリヘラルト）であった。フリュリ＝エラールは渋沢より四歳年上、当時三十一歳。

この銀行家は渋沢に、ヨーロッパの中でイギリスに大きく遅れをとっていたフランスが、ナポレオン三世のものと、一気にイギリスに比肩する国家と成り得た秘訣（ひけつ）、サン＝シモン主義――産業者による、産業者のための社会の建設を、具体化する手段としての「バンク」を教えることになる。

民間に眠っている資金を、利息によって引き出し、集め、鉄道や製鉄、鉱業、交通といった産業投資のための、大きな資本へ変える。つまり、ため池から細流へ、細流から大河へとお金の流れを作るもとが、「バンク」だと。

明治の「廃藩置県」で渋沢が打ち出した公債証書も、フリュリ＝エラールが滞仏中の渋沢に教えたものであった（安田善次郎の項参照）。

ちなみに、「バンク」の訳「銀行」を日本に定着させたのは、渋沢栄一である。

彼の学びは、それだけではなかった。

パリ万博に臨席の昭武は、当初、そのままフランスに留学することになっていた。

そのため一行は膨大な小判を持参してきたのだが、その現金の保管についてフリュリ＝エラールに、渋沢は問うている。

猶経済の事に就いて痛切に感じた実例がある。それはフロリヘラルド氏の勧めで現金を持って居るよりは、公債を買った方が有利だと云ふので、其の勧めに従ひフランスの公債を買ったが、其後鉄道株が有利だと言ふので、公債を売って鉄道株を弐万円ばかり買い取った。処が祖国の政変の為めに、其年の秋急遽帰朝する事になったのであるが、其の時の計算によると正当の利子の外に五百円ばかり余分に儲かったのである。（『青淵回顧録』）

また、渋沢は次のような体験も述懐していた。

別にまた公債証書というものがある。これは国家が借用証文を出してこれを融通するのである。そのほかに合本法（公益のため資本と人材を集め会社を興す法）により組織する鉄道会社があって、同じく流通も得る処の借用証文を出すのである。元来借用証文というのは、日本の習慣としてその時分には極めて秘密にすべきものとしてあった。とにかく仏国の滞在が一年余りであったから色々の事物に接触しました。（『雨夜譚』）

これがのちに、渋沢を明治日本の恩人にすることとなる。

経済を卑しいものと見切ってきた幕府は、「富国強兵」の要である「殖産興業」をないがしろにし、インフレ抑制の政策も質素倹約と開墾・開拓の奨励、いよいよ追いつめられると金銀を改鋳し、あとは専ら豪商・豪農たちへの〝御用金〟で凌ごうとした。

その結果、幕末にいたって欧米列強の脅威にさらされるや、軍備を調える巨額の財源にたちまち当惑し、ついにはフランスから借金しようとまで考えるありさま（この件は、ナポレオン三世の政権崩壊でご破算となった）。

やっていることは、一般の武士が高利貸しに借金しているのと変わらない。

幕府も諸藩も、抜本的な解決策を見つけ出せずにいた（一部、ケインズを先駆けたといわれている備中松山藩の、山田方谷のような例外はあったが）。豪商・豪農を頼りながら、その一方で彼らを卑しめることで押さえ込もうとしていた。

フランスへ渡ってヨーロッパの文明を見聞した渋沢は、これからの日本は、新しい産業をおこさねばならないことを肝に銘じる。そのためには何よりも、人である。商人を卑しめる慣習を拭い去り、ひいては身分制度を撤廃して、経済にたずさわる人々が自信と誇りを持てるようにしなければならない。無論、国際的な広い視野も必要となってくる。

いつの時代でもそうだが、人気のない、社会的認知度の低い業種には人材は集まらないものだ。商人の認知度向上には、商人自身が道義を守り、社会的地位を確立する必要があった。つまり、商人を卑しめてきた武士の儒教道徳を、商人自らも身につけて、商人も武士のようになり得るのだ、と具体的に実証して見せる以外に方法はない、ということに渋沢は気づいたのである。

のちに彼が熱心に説く、「道徳経済合一説」はつまるところ、こうした経緯を踏まえて生まれたと言っていい。左手に『論語』、右手に「算盤」という栄一の宣伝文句（キャッチフレーズ）（『英訳論語』の序では逆）も、意味は同じであった。

渋沢は昭武在仏中に、より多くの見聞を広げ、やがては主君であり将軍となっていた慶喜に、この理想を語り、自らも実践したいと考えたが、当の幕府は渋沢がパリ滞在中の慶応四年（一八六八）正月、鳥羽・伏見の戦いで薩長二藩を主力とする東征軍＝官軍と開戦に及び、敗れ、次いで江戸開城―上野彰義隊戦争にいたり、完全に瓦解（がかい）してしまう。

新政府誕生により、帰国を余儀なくされた渋沢を待っていたのは、江戸を離れて静岡に移住を命じられた、慶喜や幕臣たちの姿であった。

帰朝後、新政府から静岡藩七十万石（以前は四百万石）を与えられた旧幕臣たちに混じって、静岡へ移った渋沢は、勘定組頭となり、まもなく藩と在地商人たちとによる「商法会所」を設立。これに拠（よ）って、新しい金融と商社の流れを作ろうとするが、このフランス仕込みの着想（アイデア）が新政府に目をつけられ、まずは政府において改革を、と渋沢は新政府に出仕することとなる。明治二年（一八六九）十一月のことであった。

――なかでも、渋沢が活躍したのが大蔵省の改革である。

民部省租税正（そぜいのかみ）としてスタートした彼は、それからわずか三ヵ年で、近代日本の金融の仕組を考え、実行に移し、〝真の維新〟といわれた明治四年七月の、「廃藩置県」の実務を一手に担い、翌年二月には大蔵少輔事務取扱、今日でいう次官級に昇進する。

筆者はとりわけ「秩禄公債（ちつろくこうさい）」の証書発行こそが、渋沢を〝日本資本主義の父〟にした、と考えてきた。

もちろん、フランス仕込みの〝新知識〟がもたらした、成果の賜（たまもの）であったが。

ところが、好事魔多しとか、渋沢は上司である大蔵大輔・井上馨とともに、国家の健全財政を主張したものの、国家財政のなんたるかを知らない各省の代表者たちに容れられず、翌六年五月、やむなく三十三歳の若さで、新政府の役職を辞することになる。

もし、この辞任劇を迎えることなく、あるいはのちに井上が復帰したように、渋沢が大蔵省に戻ることになれば、彼は井上はもとより、のちの松方正義に勝る財政家として、官界に君臨できたに違いない。が、渋沢はその道を行かず、あえて在野にあって経済人を育てる方向を歩む。彼には、「道徳経済合一説」があったからである。

かくて、「今日より追想すればこの時が余にとって真の立志であったと思う」(『論語と算盤』)と、のちに渋沢が満足そうに回顧することになる第二の人生ともいうべき、民間での活躍がはじまるのであった。

明治六年六月、わが国最初の近代銀行と称された、第一国立銀行(紆余曲折を経て、現・みずほ銀行)が設立されると、渋沢は総監役に、つづいて頭取に就任する。

この国立銀行は、前年の明治五年十一月に制定された「国立銀行条例」によって、設立をみた金融機関であり、「国法によって創られた銀行」の意であって、国営・国有のものではなかった。あくまで、民間の銀行である。

やがて明治四年七月の「廃藩置県」を挟んで、全国各地に国立銀行創設の気運が高まっていく。ちなみに、明治十二年には百五十三行の国立銀行が誕生・発足していた。

〝日本資本主義の父〟に、今こそ学べ

渋沢は第一国立銀行に身を置き、後続の銀行設立（とくに第十六、第二十、第七十七国立銀行など）に尽力。加えて、草創期の銀行業界をまとめて「択善会（たくぜんかい）」（のち東京銀行集会所、現・全国銀行協会）なる団体を設置すると、銀行業務の整備から経営知識の普及、はては業界の品格向上といった面の指導までを先頭に立って行ったのであった。

「わが国の近代産業は広く資本を集中し、新しい知識を結集して、有能な人材による経営がなされなければならない」

とする渋沢は、近代企業を「合本主義（がっぽんしゅぎ）」（のちの株式会社形態）で設立することを強調した。併せて彼は、多くの財界・産業人をも育て、誘い、新しい商い、事業を勧奨し、その支援・助力を惜しまなかった（本書の他項を参照されたい）。

一方で生活の苦しい人々に、住む場所と食事、そして手に職をつけさせる「養育院」を設立、運営にも携わっている。

渋沢の手がけた、これから日本に必要とされる会社は、明治六年（一八七三）、日本で最初の洋紙製造会社である「抄紙会社（しょうしがいしゃ）」（王子製紙の前身）の創立を手はじめに、これまた、

本邦初の大阪紡績や三重紡績（のち東洋紡）、東京海上保険（のち東京海上日動火災保険）、ほかにも大日本人造肥料（のち日産化学）、鉄道会社（のちJR東北本線）、大日本麦酒（のちアサヒビールおよびサッポロビール）、日本郵船、東京瓦斯（東京ガス）、東京製鋼会社（現・東京製鋼）、帝国ホテル、中外商業新報社（現・日本経済新聞社）など、それこそ枚挙に遑がなかった（一つ一つ数をあげられないほど多かった）。

しかも彼は、かくも多くの企業の創立・経営に関与しながら、決して自身の財閥を築こうとはせず、むしろ三井、三菱、住友、安田、古河、浅野といった財閥の調整役をも任じていた。

明治の日本は、国民あげて先進国に追いつけ追い越せと、懸命であった。

先進諸外国＝欧米列強の圧迫下にあって、「殖産興業」による「富国強兵」こそが、日本の独立の尊厳を守る唯一の方法だ、と信じて疑わなかった。

そうしたなかにあって渋沢は、営利の追求も資本の蓄積も、道義に適ったものでなくてはならない、と説いた。原点の〝独善〟ではダメだ、と。

仁愛と人情に基づいた企業活動を、民主的で合理的な経営のもとで行えば、国は栄え、国民生活も豊かなものとなる、とも。

そのためには『論語』を徳育の規範として、「道徳経済合一説」を提唱するだけでなく、広く一般にも実践させようと、東京高等商業学校(一橋大学の前身)、大倉高等商業学校(現・東京経済大学)、岩倉鉄道学校(現・岩倉高等学校)などの創設・発展にも寄与している。

明治四十二年六月、渋沢は古希(七十歳)を迎えたのを機に、第一国立銀行および銀行集会所を除き、他の六十余社におよぶ事業会社の役職を辞任した。

さらに、大正五年(一九一六)五月には、金融業界からも引退している。

彼の代名詞となった著作『論語と算盤』の出版は、同年九月のこと。

渋沢はいう。「明治」の後期から「大正」にかけて、日本人の暮らしがこの時期ほど、豊かになった時代はかつてなかった。日本人は物質的な豊かさを手に入れた。だが、心の豊かさはどうか。経済も同じである。企業は利潤を追求するが、その根底に正しい道徳がなければ、一私企業は社会的に存続することを許されない。

各種の国際親善事業を、自らが先頭に立って推進しながら、渋沢は衣食足りて礼節を知る、貧すれば鈍す――経済と道徳が車の両輪のようなものであることを語りつづけた。

「日本が末永く生き残っていくためには、国際間の協調が不可欠である」

筆者には、起業家が成功するための三つの条件が、渋沢には備わっていたように思われる。

大局観（歴史観、先見性といってもよい）

倫理観（道義、道徳、徳目といってもよい）

価値観（経済感覚といってもよい）

この三点は今日の企業経営者にも揃って求められるが、なかなかに難しい。

なかでも最も大切なのは、「大局観」であろう。渋沢ははじめての渡仏以来、国際社会の中における日本を、他の日本人とは比較にならない視野の広さで持っていたといえる。

むろん、日本と欧米諸国との「認識のずれ」（パーセプション・ギャップ）や、国際市場における日本人の「既得権の確保」（コンベンショナル・ヴィズダム）——〝独善〟や我の強さが、経済摩擦を惹き起こすことも、晩年には形を変えて指摘していた。

昭和六年（一九三一）十一月十一日、一代の経済界の将帥は、近代日本の発展に偉大な足跡を残して、この世を去っている。享年は九十二であった。

確率の高い経営をつづけ財閥を築いた

安田善次郎

学ぶべきは失敗のおりの損得勘定?!

己れの失敗と、どう向き合ったか——その後の経営の成否は、これで決まった。

失敗を失敗として認めず、現実から逃げて、他人のせいや世の中の動きのせいにして目をそらしたり、酒に逃避したりして、ただ愚痴だけを並べる。

そういう人は〝負のスパイラル〟に絡めとられ、いつまでたっても、いくらやり直しても、失敗をくり返すものだ。

人は何かを企て、実行に移して失敗すると、かならず「しまった」と思う。

だが、降って湧いたコロナ禍のように、唐突に、想定外の、それも自分の力ではどうすることもできないような「死地」に追いつめられたならばともかく、多くの事例は起こってしまった現象が、事前に想定可能であったことが大半である。

一応、想定はしていたつもりであったが、まさかと油断した。

「たぶん大丈夫だろう」

と根拠もなく高（たか）を括（くく）った（見くびった）ために、自らの思慮のいたらなさを後悔する場合が多いのではあるまいか。

起こしてしまった失敗は、とり返しがつかない。重要なのは、再びくり返すことなく真に失敗と向き合い、己れの過失を認め、猛省することであろう。

そのことを教えてくれる人物に、今日のみずほ銀行につながり——安田銀行から富士銀行をへて、みずほ銀行の前身の一（いつ）となった——かつては〝安田財閥〟を一代で築き、日本の〝銀行王〟と敬称された安田善次郎がいる。

これはこれまでにも述べてきたことだが、世に刊行されてきた多くの安田善次郎の〝物語〟――絵に描いたような立志伝は、失礼ながら、いくら熱心に読まれても、この〝銀行王〟に学ぶことはできない。

――種本となった、二作に問題があった。

一つは善次郎自身の回顧談、いま一つは矢野文雄（龍渓とも・作家で政治家、「郵便報知新聞」社長）による『安田善次郎伝』である。

世に出た安田善次郎の評伝、伝記の類は、大半がこの二種を無条件で引いている。

すなわち、善次郎が江戸に出て、玩具問屋と両替商につとめ、四年間、「勤倹貯蓄」を心がけて力行した（努力して行った）というくだりだ。

とんでもない。史実の善次郎は、頭脳明晰で山気（やまっけ・賭け事や冒険を好む心）が人一倍強く、そのうえ二枚目の容貌で、女性にもよくもてた。

常磐津に自ら凝り、義太夫の師匠になろうかと真剣に考えてみたり、結構、当時の数多いた江戸っ子に紛れて、江戸市中を徘徊している。「勤倹貯蓄」「努力力行」はのちのこと。

どちらかといえば、軽やかに人生を――世の中を嘗めたように（あまくみる、あなどる）

生き方をしていた彼が、心底、奮起することになったのは、投機に失敗し、その惨めな己れと懸命に向き合い、自己反省ができたからこそであった。

たしかに善次郎は、人に数倍する努力を積んでいく。

が、それも十代後半から遊び呆(ほう)けたのちに、二十五歳を過ぎて猛省し、改心してからのことであった。

そのように述べると、それは偉人、立志伝の人物だからこそできたことで、普通の人間にはできない、と思われる方がいるかもしれないが、そうではあるまい。

筆者は何事かを失敗したあと、そのことに対処するにあたっては、〝損得勘定〟で考えればよい、と思ってきた。「ずいぶん現金な人だな」という、あの〝現金〟(利害によって、すぐに態度を変える様子)である。

反省した方が得か、損か――真面目な人、プライドの高い人、負けを自覚できない人は、失敗して「死地」に追いつめられても、いや、まだやれる、今回は少しミスしただけだ、次こそは……、と自分の正当性を主張する。

だが、それを押し通して再戦しても、本当に次は勝てるのだろうか。

失敗直後は頭が熱にのぼせ、正しい判断ができないかもしれないが、ここで真に〝損得勘定〟が働けば、感情論でつき進む先＝再起不能の状態がみえてくるはずだ。

一度の失敗を最低限度のもの、一番小さいものに済ませるためには、同じミスはやらない、との選択は有効である。

善次郎は相場という一種の博奕（ばくち）で損を出し、〝損得勘定〟をする中で、まずはマイナスを補塡（ほてん）するために、真面目に働こうと考えたわけだ。

決して立志伝の人物だから、ではあるまい。普通である。

あるいは失敗した段階では、「勤倹貯蓄」に励んでもう一度、相場をはってみよう、と考えていたかもしれない。

筆者はそれもありだ、と思っている。

人の考え方は年齢とともに、役割を演じる中でも変化するものである。

まずは立ち直ること、再びエネルギーを蓄えて挑む姿勢であり、〝未来〟は常にその結果についてくる。解決策も得（え）てして、あとからついてくるものだ。

近松門左衛門が浄瑠璃の『傾城酒呑童子（けいせいしゅてんどうじ）』でいった、「負けて勝つ」とは、そういうことではあるまいか。

なまじの武士よりも商人こそ

そういえば、フランスのノーベル文学賞受賞作家のアルベール・カミュは、
「希望とは一般に信じられている事とは反対で、あきらめにも等しいものである。そして生きることは、あきらめないことである」
といっていた（『結婚』）。

筆者はこうした考え方が、安田善次郎の人となりを損なうものではない、と思っている。むしろ、そうした面白味のある人物だからこそ、彼は〝銀行王〟として歴史に名を刻む起業家となり得た、といえる。

天保九年（一八三八）十月九日、善次郎は越中国富山藩十万石の下級藩士（足軽）の子として生まれている。前名を岩次郎といったが、この稿では便宜上、善次郎でみていきたい。彼の、幼少時を代表するエピソードが二つある。

一つは、日本史上はじめて天下統一に成功した豊臣秀吉を主人公とする、『太閤記』を善次郎は座右に、己れの生涯を夢見ていたというもの。卑賤から身を起こして、天下人となったその人のように――自分も今は貧しくとも、いつかは必ず豊かに、そして人々の上

に立つ人間になりたい。

善次郎は少年の頃はむろんのこと、長じてからも、いつも難関に出会ったときには、決まって己れにそう言い聞かせたという。

興味深いのは、それならばなぜ、武士としての成功を目指さなかったのか、である。

その答えが、いま一つの挿話――ある雪の日の出来事につながっていた。

父とともに外出した善次郎は、路上で上士（上級藩士）に行き会った。このおり父は、道の傍(かたわ)らに膝をついて挨拶する姿勢をとり、善次郎にもそのようにするよう、うながす。

この姿に、善次郎はショックを受けたという。

これは幕藩体制を支える身分制度によるものであったが、彼にとって重要であったのは、この体験と前後して、逆のショックをも目撃したことであった。これは善次郎の、全生涯に影響を与えたといってよい。

富山藩に金を貸していた大坂の、豪商の手代が城下に、その金を運んできたおりのこと。勘定奉行以下多数の上士が、わざわざ城下はずれまで手代を出迎え、帰路もまた城下はずれまで、丁重に見送る光景に、善次郎はえも知れぬ、今ならさしずめ文化的落差の衝撃(カルチャーショック)を覚えたのであった。経済力がすでに、士農工商の身分制度を根底からくつがえしている

——彼にはそのように映った。

ならば、上士に侮られる足軽などやめて、

「千両（現在の貨幣価値に直すと、およそ二千万円）の分限者（金持ち）になりたい」

善次郎は漠然と思うようになった。

この時点における彼の心情は、きっと少年らしい軽やかで明るい野心であったろう。江戸へ出て、秀吉のごとく立身出世し、大商人になってやる、と善次郎が志を抱いて家出を敢行したのは、十六歳のときであった。

善次郎が武士としてではなく、商人の道を志したのには、どうやら越中富山という土地柄も、多少は影響していたようだ（次項の浅野総一郎も、越中の出身）。

ここは「置き薬・反魂丹」の製薬と行商人の地であった。

越中富山藩十万石の二代藩主・前田正甫の治世——延宝年間（一六七三～八一）以来、この藩では置き薬という特異な商法によって、全国津々浦々にその名を知られていた。

一般に農・漁業が中心の地方において、こうした産業・商業の存在は、領民に商業経済の認識を高めさせることにもつながったはずである。他に類をみない置き薬商法は、善次郎のような少年にも、厳しい規律を強いられる武士より、努力しだいで富豪にもなれる商人のほうがましだ、との認識を植えつけるヒントとなったに違いない。

もっとも、善次郎は家出に二度、失敗している。最初は途中で樵（きこり）の父子に出会い、諭されて、腰くだけとなった。三年後、再び善次郎は下級武士の跡取りを嫌って、父母の猛反対を押し切り、ついに江戸へ出た。安政四年（一八五七）のことである。

善次郎は二週間かかって江戸にたどりつき、すぐさま日本橋の乾物屋に奉公したが、まもなく国許（くにもと）の父母の知るところとなり、善次郎は数ヵ月の出奔で富山に引き戻される。しかし彼はあきらめず、翌五年、頑強に引きとめる父母をついに説き伏せると、三度（みたび）、江戸の地をめざす。はじめが玩具問屋に三年、次に奉公したのが両替商と海産物問屋を営む「広田屋」という商家で、ここに三年いたことになる。

「広田屋」は両替商とはいえ、幕府・大名の御用をつとめて、手形や為替を取り扱い、大名貸しなどをする大きな店とは異なり、町の一両替屋――銅貨と金・銀貨を交換して、手数料を稼ぐ〝銭両替〟であった。

善次郎はこの奉公の間、冒頭に記したように江戸の楽しみを満喫している。嬉しくて仕方がなかったようだ。相場に手を出したのも、初任給（年俸）の三両二分が、六年を江戸に過ごしても六両にしか昇給しなかったからであった。

ピンチはチャンスというけれど……

現実の世界は、『太閤記』のようにはいかない。

ならば、と一攫千金（いっかくせんきん）を夢みて、相場に手を出したが、これが失敗。

「このままでは、千両の分限はおろか、十両の金すら自由にならない」

善次郎は思い切って、独立することにした。文久三年（一八六三）十二月のことである。

独立といえば聞こえはいいが、実際は戸板一枚を敷き、その上に小銭を並べるだけの店で、小銭の両替のかたわら、海苔や鰹節などを旧主人の店から分けてもらって商った。

両替一本でいかない（いけなかった）のが、いかにも彼らしい。もとより目端は利く。

商売に打ち込みつつも、一方で広く知己を求めた。このことが、善次郎に幸いする。

遊んでいた頃から、人付き合い（交際）は好きであった。いつの間に聞き知ったものか、彼は横浜にできた居留地へ出かけると、持ち金のすべてをはたいて、スルメの投機買いを行った。博奕を心底、やめたわけではなかったようだ。生来、度胸はよかったのかもしれない。あるいは、失敗したら、自らスルメを背負って小商いをするつもりでいたのかも。

が、今度はこれが大当たりした。十七両ばかりの利益を得ると、元金と合わせて四十二両ほどの資金ができた。この資金がのちの、天下の安田財閥を築く端緒となる。

元治元年（一八六四）三月、善次郎はようやく一軒のまともな店をもつことができた。とはいえ、それまで路上で行っていた商いと、内容的にはさほどの差はない。

江戸時代の貨幣制度は、実に複雑であった。金貨は大判・小判・二分金・三朱金などがあり、銀貨には一分銀・二朱銀があって、銭も種々雑多。加えて、各藩が発行する藩札もある。これらを金本位に日々の相場に直して、一両につき銭十文、十五文の手数料を稼ぐのが、先にも少しふれた〝銭両替〟であった。

一戸を構えた善次郎は、いつも店を開ける前に、一仕事すませるのを習いとした。

小僧一人に、賄（まかな）い婆さん一人。善次郎の一日は明け方の午前四時に起床、向こう三軒両隣をきれいに掃き、散水して、その後にかまどに火を熾（おこ）してから、小僧と婆さんを起床させる。

そして大八車を引いて各戸をまわり、わずかな手数料を稼ぐと、それから朝食をとった。

また、両替商だけでは安心できないと思ったのであろう。仕入れた海苔や鰹節は、元値とかわらない薄利多売を心掛け、少しでも本業の足しにしようとしている。

両替商は信用が第一――善次郎は懸命に働き、そうした己れを周囲に印象づけることを忘れなかった。二十七歳で、六歳年下の房子と結婚。こつこつと夫婦二人して稼ぐ善次郎に、やがて願ってもない僥倖（思いがけない幸せ）が訪れた。彼の商人としての、一大飛躍を遂げるきっかけが、向こうからやってきたのである。

幕末期、外国との交易がはじまると、わが国の金貨が大量に国外へ流出しはじめた。日本と欧米列強では、金・銀の交換比率が異なり、国内の一対六に対して、外国では一対十五と、大きく相違していた。それに目をつけた外国人たちは、安い海外の銀貨を日本に持ち込み、良質の金貨を持ち出すことを企て、これが流行となってしまったのである。

安政五年（一八五八）の横浜開港前の半年だけで、百万両の金貨が海外に流出したといわれている。善次郎もその片棒を担いで、外国人から高い口銭をとっていた。

この頃の彼にはいまだ、日本全体をみる余裕も知識もなかったろう。己れのことで、精一杯であったといえる。が、金貨の流出に苦慮した幕府は、そのままにはしておけない。新しい小判を改鋳し、質を落として外国に対処しようと考え、古い金銀貨を回収することとした。だが、大手の両替商はすでに幕府を見限っており、幕府の方針に対して、休業などと称して命令に服さず、ほとんど機能していなかったといってよい。

しかも世の中は物騒となり、不逞の輩にとっては、金銀貨の回収者は格好の襲撃目標ともなった。困った幕府はしかたなく、町の〝銭両替〟にも、古い金銀貨の回収を命じた。

「お上のお声がかりで儲けることができるとは、これで頑張らなくてどうする」

おそらく善次郎は、そう叫んで踊り上がって喜んだことであろう。

予想されるリスクより、彼は己れの儲けを思った。古い金銀貨は回収すると、千両に対して鑑定料と上納手数料を合わせて一両の儲けとなる。善次郎はまたとない機会と、必死の思いで働き通した。

そうすると、彼の回収成績が目立つようになる。やがて幕府からは小額ながら、回収資金の貸し付けも得られるようになった。連日、四、五千両から一万両の古い金銀貨を回収した実績で、慶応二年（一八六六）四月、幕府は善次郎を本両替として扱い、三千両もの資金の貸し付けを実施する。回収の、さらなる促進のためであった。

政府の動向に合わせる戦法

――この頃、善次郎は己れの仕事に掛け値(かね)なし、生命(いのち)を懸けていた。

江戸はすでに治安が悪化し、無政府状態に近い状況となっている。

慶応三年（一八六七）、すなわち明治維新の前年には、〝御用盗〟と称する薩摩系の浪士が、集団で押し込み強盗をはたらき、金を持つ豪商を見つけては、軒並みに白昼堂々と襲撃を繰り返していた。常時、大金を運搬・管理する善次郎の場合は大変であった。

「三利あれば、必ず三患（三つの弊害）あり」（『韓詩外傳』）

これはどのような仕事にもいえたが、儲けの大きいものには、それだけのリスクがともなうものである。善次郎は常に、細心の注意を怠らなかった。

千両箱を大八車で運搬するときには、それとわからぬように偽装し、蔵に置けばかえって狙われると思い、夜、市中が寝静まった頃を見計らっては、妻と二人で千両箱を外の掃きだめのなかに埋めた。翌朝、それを掘り出して何食わぬ顔で、元の場所に戻すことを、毎日くり返したという。

おそらくこの夫婦はこの時期、一日数時間と安心して眠ることはできなかったに違いない。昼間の重労働に加えて、寝る間も襲いくる不安、恐怖。心休まる暇もない日常生活のなかで、よく二人とも倒れなかったものである。

禍いにもいろいろあるが、心労に勝る禍いはないという。善次郎夫妻はこれに耐えて頑張ったが、それでも二度の盗難にあっていた。

善次郎とほぼ同時代の、スイスの哲学者で法学者のカール・ヒルティは、

「苦しみは人間を強くするか、それともうち砕くかである。その人が自分のうちに持っている素質に応じて、どちらかになる」

と述べたが、善次郎はこの厳しい日常の中で、自らを鍛えつづけた。

のちに彼は、「自分の生涯で、このときほど懸命に働いたことも少なかった。儲けたのも、このときが一番だったろう」と述懐している。

なにぶんにも、この回収によって幕府からは鑑定料を得る一方で、古金提供者からも手数料がもらえた。おかげで明治維新が成就したおり、善次郎の身代は千九百八十四両（現在の貨幣価値で三千九百六十八万円）にもなっていた。

善次郎のタフなところは、これだけの古貨回収業務を遂行しながら、一方で幕府が本両替に格上げされるや、「包み替え」をも業務化した積極さであろう。

「包み替え」とは金貨を百両ごとに、あるいは銀貨を二十五両ずつ紙に包み、その上から両替商の封印をする「座包み」のことをいった。

贋金（がんきん）が混じらぬよう、中身はまちがいなく本物であることを証明するものだが、それだけに封印をする両替商に、信用がなければ意味をもたなかった。善次郎は信用第一につと

め、まもなく三井家の越後屋呉服店などでは、安田屋の封印のある「座包み」だけは、無条件に受けとるようになった、といわれている。

新政府（太政官）が発足すると、善次郎のさらなる飛躍の舞台が待ちうけていた。

――非兌換紙幣の、太政官札の発行である。

財政不足に苦しむ新政府は、金札＝太政官札によって事態を乗り切ろうと〝三井〟に太政官札の発行を一任したが、正貨準備のない紙幣では国民が納得せず、多くは金札の引き受けを拒んだ。が、善次郎は政府の割当てを引き受けたばかりか、市中の太政官札をも従来の金・銀貨と交換し、大量にこれを保有する。

彼にいかなる計算があったのか。善次郎は、新政府の体制が早晩調い、租税収入も確実性を増すにしたがって、いずれ遠からず金札も、元の価値をもつであろうと読んでいたのである。それにしても太政官札は、一時、政府自体がその力のなさを認め、二割の差額を容認したほどの不人気となり、価値は日増しに下落し、ついには券面金額の半値を割るまでとなった。

百両の太政官札が、四十両までに価値を失う。あわてた政府は、大阪に造幣寮をつくると、英国の東洋銀行に機械その他の導入を依頼し、新たに貨幣を発行して、太政官札を兌換券（かんけん）として額面どおりに通用するよう本腰を入れ始める。

一説に、善次郎はこのニュースを公式発表の前日に察知し、百両の太政官札＝最低評価の三十八両で、猛然と買いあさったともいう。

一夜明ければ、太政官札の価値は急上昇した。維新後二年を経ずして善次郎は、一万五千両（現在の貨幣価値で三億円）の金満家になったという。

あり得ない話ではない、善次郎のことである。彼は以前とは別人のように、より以上に目配りに油断がなかったろう。この頃、彼は三十歳を越えたばかりであった。

善次郎の手法は幕末以来、実のところは変わっていない。

ときの政府の、動向に合わせるという戦法である。そのためには、貪欲に政府の動きを見つめていなければならない。

〝銀行王〟への道

太政官札で大儲けしてのち、彼が熱中したのが、その政府が窮乏士族を救済すべく発行した「秩禄（ちつろく）公債」、さらには「金禄公債」の買い取りであった。

かつて日本史で、「大化改新」と学んだものが、今日では「乙巳の変」と教えられている。律令制国家をめざした当時の日本は、皇極天皇（第三十五代、のち重祚して第三十七代斉明天皇となる）の四年（六四五）六月に、実力者・蘇我入鹿を暗殺したものの、それだけで「大化改新」は完成したわけではなかった、と認識されるようになっての変更であった。史実、「大化改新」には歳月がかかったのである。

同様に、「大化改新」と並ぶ日本歴史上の一大変革である「明治維新」も、明治元年（一八六八）の年にすべてが整ったわけではなかった。

より重要であったのは、明治四年七月の「廃藩置県」であったろう。

徳川の幕藩体制に対して、決定的な終止符が打たれたのが、まさにこの時であったが、すでに始まっていた政治的な混乱に、このうえ経済的な抵抗が加われば、〝ご一新〟は空中分解しかねない局面に、このおり新政府は追いつめられていた。

具体的には、幕府や諸藩のかかえる借金――なかでも膨大な「藩札」の引きとりを、新政府がもし拒めば、全国一斉に竹槍蓆旗の大一揆が起きるのは必至であった。

しかし、新政府の台所は火の車――とても応じられない。

その証左に、新政府は賊軍となった諸藩に献金を命じたものの、徳川家＝旧幕府や会津藩などには大きな国替えを命じたが、昔の関ヶ原の戦いのおりのように、賊軍側の藩をことごとく、潰したりはしていない。否、できなかったのである。

潰せば大量に牢人が派生し、一揆に連動して、社会不安が一気に爆発する懸念があった。真の中央集権化を達成するためには、廃藩処置をとらねばならなかったが、明治三年における諸藩の借金（藩債と藩札の合計）は、平均して実に藩の収入の約三倍に達していた。藩主の中にはこうした借金に耐えかねて、廃藩を自主的に申し出るものも現われている。にもかかわらず、財政難の新政府は諸藩の台所事情を知りつつも、さらなる軍事費の上納を命じるありさま。

日本全土はいまや、国家財政の破綻による一触即発の危機を迎えていた。

この最大の難問を解決するには、「廃藩置県」の前に諸藩の借金を、なんとかしなければならない。この「死地」を救ったのが渋沢栄一であり、彼はフランスで自ら購入した公債を、ここで日本に当てはめ、もちいたのであった（36ページ参照）。

なにしろ公債には、償還に期日が設けられるというメリットがあった。加えて、利息がつく。これなら藩札をもつ人々も、納得してくれよう。

こうして誕生したのが、「金禄公債」の証書の発行であった。

そして、それをあてにして生まれたのが、各地の国立銀行ということになる。

秩禄処分（ちつろくしょぶん）により明治九年八月に、「金禄公債証書発行の条例」が制定された。

これまでの武士の家禄支払に代えて、「金禄公債」を支給されることになり、受給者たちはここで、金利生活者となった。従来の家禄により利率の差をつけられつつも、金利五〜七パーセント（一部に十パーセントも）、五年据置きで、六年目から抽選（くじ等で引きぬき選ばれる）で三十年かかって償還するというもの。

対象者三十一万四千人に対して、総額一億七千四百万円分が発行された。

「金禄公債」は転売できなかったものの、国立銀行条例改正により、同額の銀行券を発行することが可能となった（国立銀行券）。そのため、旧士族による銀行設立が盛んとなったわけだ。明治十一年には譲渡・質入禁止が解除となり、転売も可能となっている。

かつての支配層の身分を、華族・士族・卒族など三階級に分け、士族に対して交付された公債――現米支給を廃して、三ヵ年平均の貢納石代相場で換算したもので、士族たちはこれを元手として、これからの生活を考え、農業や商業に従事したが、なかには〝武家の商法〟よろしく、華々しく事業を始めてあっさり失敗する者も少なくなかった。

明治九年に公債が支給されて、わずか八年を経過する頃には、八割がすでに士族たちの手を離れていた。善次郎は額面の七、八割で、これら公債を買い集めたのである。

「金禄公債」は先にふれたように当初、売買を禁じられていたが、担保とすることは認められていたから、なんら歯止めにはならなかったに等しい。

また、彼は司法省の公金出納事務を取り扱い、公金を無利息で保管する役目を請け負い、公債を担保に入れては利子を取り、公金を貸し付ける業務も併行しておこなっていた。

――これは幕末の万延小判を集めた時以上に、善次郎を儲けさせることになる。

額面十万円の公債を七万円で買い入れながら、政府に担保として入れるおりには額面どおりの十万円に化けるのだ。公債は年々、利子を産み、これを寝かせておいて、かわりに公金を引き出して他に流用するのであるから、善次郎は笑いがとまらなかったであろう。

彼は明治九年、「国立銀行条例」が改正されたのを機に、第三国立銀行を創設。公金扱いのための支店、出張所を各地に展開しては、資金集中化の態勢を確立していった。

〝勤倹堂力行道人(きんけんどうりっこうどうじん)〟と称す

――実は、これにもカラクリがあった。

前述したように、条例によれば銀行は、資産の六割まで、政府からの公債による保証を受け、残りの四割については、自力で正貨を準備することになっていた。そうすることで、資産の八割までの銀行券が、発行できたのである。

つまり、銀行は独自に紙幣を発行し、資金を創出することができたわけだ。

善次郎はこの時とばかりに、矢つぎ早に銀行を次々と増設していく。

明治十年（一八七七）、第四十一国立銀行。同十三年一月には、安田商店を改組。国立銀行条例によらない日本最初の民間銀行・安田銀行を発足させている。しかも善次郎は、明治十五年に創立された日本銀行の事務御用掛をつとめ、のちには局長・理事・監事を歴任する。

こうした彼のやり方を、汚いと誹ることはあたらない。彼にはそれができるだけの、準備が整っていたのだ。運も、実力のうちという。

善次郎は己れの動かせる金を増やして行き、さらには己れが生み出したに等しい日本銀行から、莫大な資金を得て、経営不振にあえぐ地方の銀行に救済の手を差しのべると、そのまま自己の傘下におさめていった。

彼は金融業専一を心がけて、銀行の充実に自己の精力のすべてを傾注した。

――「躬行実践訓」と題する十四項目からなる、従業員服務心得がある。

善次郎の人となりを知るうえで、非常に興味深いので一部を以下に抜粋してみる。

「毎朝六時に起き出で、夜は九時に就寝すべし。朝寝夜更かしは身体を害し、勤務を害す。来客に接するには、貴賤貧富を問はず、必ず其意を誠実にし、温和叮嚀なるべし。行員は本行にて、講義等の催しある時は必ず出席聴聞するを要す。又、毎朝神仏の礼拝を怠るべからず。之れ人々の自由にして余事なるが如しと雖も、敬神信仏の念深き人は謹慎の心厚くして、暴慢の気寡きものなりと知るべし」

晩年の善次郎は、熱心な仏教信者であったという。毎朝早くに起床し、仏壇の掃除をして、仏花を供えて読経。これをもって、一日のはじまりとした。

家庭内では木綿着で通し、食事は家中が一汁一菜。「勤倹」を好むあまり、庭内に御堂を建立して「勤倹堂」と名付けると、自身は〝勤倹堂力行道人〟と号した。

五十代のはじめに、表向きは引退を表明。七十二歳をもって、正式に引退している。

成功者の常である毀誉褒貶の多い生涯であったが、善次郎の人を見る目は抜群で、眼鏡にかなった人物には徹底した支援を送った。別項の浅野総一郎などが、その好例であろう。

逆もあった。次の「安田松翁（善次郎のこと）は金貨の名人なり」との挿話である。

北海道の留萌に五十嵐と呼ぶ漁業家ありき。炭鉱に指を染め安田銀行より十五万円程借り出してゐた。安田松翁、北海道視察の序にこの縁古を辿り五十嵐家に宿る。胸に一物ある主人公、山海の珍味を列らべ饗応具さに至る。翌朝、食事を畢ると松翁先づ床の間に掲げたる宋画（中国・宗王朝の頃の絵画）に一瞥を呉れ、徐ろに説き出して曰く、

「御当家は南部の素封家と聞いてゐましたが、お道具のいづれを見ても中々結構なもの、成程それと肯かれもする。〈中略〉併しながら実業家には無駄な事であります。かやうな道具類は一日も早く売払うて資本の内に入れるが至当の事と存じます。〈中略〉実は私もどなたかに使って戴く積りで今回の旅行に三十万円（現在の貨幣価値で十二億円）程準備してきましたが、残念ながら北海道全道に渉り、この三十万円を使って頂く程の人物に逢ひません。さて此度は御鄭重なる御饗応に与り何共お礼の申上げやうも御座いません。これは愚筆でお恥かしいがこの短冊と報徳記この二品は紀念（記念）の為に進上致して置きます。それに又た元来私はどこに泊ってもお茶代は十円ときめて居りますが、昨日来一方ならぬお手数を懸けましたから、此十円は店員の方々に、此十円はお女中の方々に差上げたい」

と口上畢り行李匆々（出立の準備も慌ただしく）辞し去る。胸に一物ある主人公の目的は全く外れて仕舞た。未然を察する松翁は徹頭徹尾、金貸の名人であった。（黙々道人閑話）

総じて、善次郎の人となりを知る人々は、「安田さんほど、謙譲の人はいなかった」と語る。が、酒が入ると豹変することもあったようだ。

善次郎の陰徳

三菱財閥の二代目当主・岩崎弥之助（第三章参照）が、第四代日銀総裁に迎えられた祝宴でのこと。宴会の最中に中座した善次郎が戻ってきたとき、障子越しに、

「……は、日銀監事の肩書きに未練があるようだ」

という弥之助の声が聞こえた。

さては私のことを、と早とちりした善次郎は、酔った勢いもあり、障子を開けるなり弥之助に詰め寄る。あぐらをかいて、そのうえ啖呵を切った。

「日銀監事の職に恋々たるとは何事か。安田が泥棒なら、三菱も同じく泥棒だ。べらぼうめ」（坂井磊川（さかいらいせん）著『銀行王安田善次郎』）

大声で怒鳴りつけたあげく、腕力沙汰におよぼうとした。

もっとも、これは善次郎の勘違いで、弥之助に酷評されたのは別の人物であった。弥之助は腹を立てて席を蹴って帰り、善次郎は閉口して、直ちに日銀監事を退いたという一幕もあったようだ。

しかし、彼の性格はおおむね温厚で、几帳面であった。とくに時間にうるさかったのは有名で、約束した時間に十分遅刻しても、もうその人とは会おうとしなかったという。

安政三年（一八五六）に書きはじめた日記は、一日として欠かすことはなかった。

明治十三年（一八八〇）頃から親しむようになった茶の湯も、四十二年間にわたってその茶会を記録しつづけている。

見方によれば、あくどい儲け方でもあったが、反面、社会奉仕の念も強く、日比谷公会堂、旧安田庭園（墨田区）、東大の安田講堂などは、善次郎の寄付によるものであった。

大正十年（一九二一）九月二十八日、大磯の別荘にあった彼は、面会を強要した無名青年の凶刃に倒れた。一説には、寄付を強要された善次郎が、毅然とこれを拒絶したために殺されたともいう。

ときに彼は、八十四歳であった。

善次郎に死なれて困ったのは、浅野総一郎であったろう。善次郎の個人保証をたよりに、自らが経営する東洋汽船の苦境を乗り越えようとしていた、まさにその最中での、善次郎の死であった。

見方をかえれば、浅野財閥の落日はこの時に決した、といえなくもない。

安田商店─安田銀行と改称された善次郎の主力銀行は、昭和二十三年（一九四八）に富士銀行となり、〝芙蓉グループ〟と名をかえた旧安田財閥をリードした（のち第一勧業銀行、日本興業銀行と合併して、現・みずほ銀行）。

グループの中には、安田の名を冠した安田信託銀行（現・みずほ信託銀行）、安田火災海上保険（現・損害保険ジャパン）、安田生命保険（現・明治安田生命保険）、安田不動産があり、ほかには東邦レーヨン（現・帝人の前身の一）、昭和海運（のち日本郵船に合併）、日本鋼管（現・ＪＦＥスチール）、日本セメント（現・太平洋セメントの前身の一）、久保田鉄工（現・クボタ）や、丸紅、昭和電工、日清製粉、ニチレイ、日立製作所、キヤノン、東武鉄道（いずれも、現存）などが参加していた。

もとより「昭和」「平成」「令和」とつながる日本の、企業環境は厳しい。このグループ傘下の、企業のみが安泰とはいえなくなった。しかしそういう時代だからこそ、われわれは改めて安田善次郎の〝才覚〟に学ぶべきではあるまいか。「令和」のコロナ禍に遭遇し、ウィズ・コロナを迎えた時、彼ならば何をどのように、国家を相手に仕掛けたであろうか。おそらくは増税の方向を見定めて、次の妙手を打ったに違いない。

善次郎はおそらく、どのような時代に出現しても、成功を納めたであろう。

コペルニクス的な発想の転換ができた日本のセメント王

浅野総一郎

境界人（マージナルマン）なのにダメな男

世の中には、志や意欲は人一倍あるのだが、実際に行動に移すと、何をやってもうまくいかない、失敗を重ねる人物がいる。

後世に〝セメント王〟と称され、一代で浅野財閥を築き、近代日本の一翼を担った浅野総一郎は、その前半生やることなすことすべてがうまくいかず、彼を知る人々からは、〝損一郎〟と笑われてさえいた。

嘉永元年（一八四八）というから、ペリーの黒船来航の、五年前にあたる。

この年の三月十日、越中国氷見郡藪田村（現・富山県氷見市）の医家・浅野泰順の長男として、〝損一郎〟こと総一郎は生まれている。幼名を泰治郎といった。

代々、医者を生業とする浅野家は、村では資産家としても知られていた。泰治郎には十六歳年上の姉があり、浅野家では彼女に婿を迎えていた。

不幸にして、泰治郎は六歳で父と死別。父の同業・町医者の宮崎南禎の養子となった。とはいえ、南禎の妻は泰治郎の母リセの妹であり、泰治郎は叔父・叔母の養子となったにすぎない。地頭が良かった泰治郎は、南禎に医学書『傷寒論』（医師のトラの巻）を覚えさせられ、十四歳のおりには義父の、医療の手伝いをするまでになっていた。

もし、何事もなければ、泰治郎は地域に根をおろした医師として、その生涯を穏やかに閉じたかもしれない。

ところが、運命は急変した。文久元年（一八六一）、コレラが越中国内で大流行したのである。今日の新型コロナウイルスと同様、当時は原因もわからず、対処の方法もない、人々は〝コロリ〟と死んでいった。

医術の限界、自らの無力さを痛感した泰治郎は、ここで生涯最初の〝逃亡〟を試みる。実家に、舞い戻ったのだ。この時、父の泰順が存命であれば、泰治郎の我儘（わがまま）は通らなかったに違いない。時を同じくして、相次いで姉夫婦も病没した。残った母はわが子に甘く、泰治郎はここで、商人になることを宣言する。

「同じなるなら、銭屋五兵衛（ぜにやごへえ）のような、北陸一の大商人になりたい」

江戸時代を通じての、屈指の豪商であった銭屋五兵衛は、〝加賀百万石〟の加賀藩前田家の庇護（ひご）のもと、代々の質商（しちしょう）・醤油醸造業から、米を中心とした北前船の回漕業へと商域を広げ、晩年は干拓事業に携わった。藩の政争に巻き込まれ、投獄・牢死となったが、その事業の展開は、泰治郎こと浅野総一郎の生涯に、妙に重なってみえることに驚く。

あるいは泰治郎は、本気で銭屋五兵衛になろうと志していたのかもしれない。

この大胆な発想は、さて何処からきたのだろうか。筆者は、のちに彼が人生の転機で出会う渋沢栄一（しぶさわえいいち）、安田善次郎（やすだぜんじろう）、岩崎弥太郎（いわさきやたろう）ともども、揃って〝境界人（マージナルマン）〟であったことに注目している。士農工商の固定した身分制度の中で、泰治郎は医師という「埒外」（身分制度の外）に生まれ育った。にもかかわらず、商人になろうとしている。

通常、〝境界人〟は二つ以上の集団に属しながら、そのいずれにも同化できず、情緒的に不安定な状態にいる人を指す心理学の言葉だが、身分秩序におさまりきれない彼らは、ときに途轍もない、世間の人々が驚嘆するようなことを平気でやってのけることがある。

つまり、「常識」という概念を超えた非常識＝自分勝手な理屈や行動理念で、〝境界人〟は周囲の人々を巻き込んでしまうということだ。

母に出してもらったお金を元手に、縮帷子と呼ばれる夏用の着物を織る工場を建て、女工を数人雇い、彼女らに織らせた生地を持って、泰治郎は行商に出た。次に醤油の醸造も手がけたが、いずれも採算割れで失敗してしまう。

そうした中、大庄屋の鎌仲家から婿養子の口がかかる。泰治郎のことを評価していた村の実力者・山崎善次郎が媒酌人となり、泰治郎は結婚。ここで名を、惣一郎に改めた。

再び養家の財力で大商人を目指した彼は、慶応三年（一八六七）、加賀藩の奨励する「産物会社」（藩主導の地域物産を扱う商社）を自らも起業して、筵・畳表などの農産加工品を扱う商いを開始。日本海沿岸から蝦夷地（現・北海道）まで商域を広げ、能登（現・石川県北部）の酒、越後（現・新潟県）の五穀、蝦夷地の鰊を買いつけたが、今度は〝明治維新〟が惣一郎の邪魔をする。

翌年正月からは、戊辰戦争が勃発――内戦の中で、「産物会社」は破綻した。

一発逆転を狙って凶作の中、越後に米の買い付けを行ったが、不良品を摑まされて、負債はさらにふくらんでしまった。惣一郎は損ばかりする、と〝損一郎〟という陰口が聞かれるようになったのも、この頃から。

養家を離縁され、実家に戻された彼は、それでも懲りずに、「浅野蓆商」の看板を掲げて店を出した。扱う商品は変わらず、手当たり次第に商品を仕入れては並べたが、商いを拡張するごとに借金が増え、取引先は現金でないと商品を渡してくれなくなってしまう。

逃げながら再起を図る

困り果てた惣一郎は、〝能登のお熊〟と恐れられていた高利貸しに、つい三百両を借りてしまうが、返済は滞ってしまった。揚句、惣一郎は後見してくれてきた山崎の家に行き、「もうダメや」と店仕舞を告げる。すると山崎は、

「七転び八起き、それで足りんなら八転び九起き……、いや九転び十起きじゃ」

と惣一郎を励ました。

惣一郎は改めて奮起を決意したというが、彼のやったことは、

「ええい、ままよ――」

と借金を踏み倒して、郷里を出奔（しゅっぽん）することであった。

彼はのちに明治二十六年（一八九三）から、「総一郎」を名乗るが、ここで少し、惣一郎の〝経営〟について、危機管理（クライシス・マネジメント）の立場から言及しておきたい。

人間は誰しも、最初から失敗することを望んで、起業する者はいない。

それでも起きてしまうのが、経営上の判断ミス――どれほど優秀な経営者でも、例外とはなり得ない。ひとつの定められた運命のように、人は必ず失敗をする。

そして、後悔の念に苛（さいな）まれ、当初は焦りから気力が空回りし、ジタバタあがくものの、やがて失敗による損害の大きさにたじろぎ、本来、掲げていた目標を喪失して、

「自分にはやはり、無理だったのだ」

と〝越えられなかった壁〟の高さを思い知り、無気力状態になって、なかには突然、精神の変調を来（きた）し、今日なら鬱（うつ）などの心の病にかかってしまう人もいる。

これは経営者にかぎらず、仕事をもつ人、責任感のともなうすべての立場にいる人々にいえることかもしれない。唐突に、それまでみえていたはずの〝未来〟が見えなくなる。目前から、消滅するのだ。そうなると人は、判断能力を失い、訳（わけ）がわからなくなって、何もかもが面倒くさくなり、とりわけ人付き合いが息苦しくなる。

とくに責任感の強い人は、その責任の重さ、大きさにプレッシャーがかかり、ついには心身共に押し潰されてしまう。これはベテランの経営者であろうが、はじめての大役を任された若手であっても、変わることはない。

――浅野〝損一郎〟をみるとよい。

彼は自らの失敗に、真正面から向き合うことをせず、すべてを外的要因での失敗と、適当に割り切り、ショックやダメージが自らの想像を超えて甚大であるにもかかわらず、その回復を待たずに、

「今度こそ、こうすれば大丈夫なはずだ」

と、およそ確かな裏付け、根拠のないままに、勝手な成功のイメージを描いて、再起しては傷口を広げる愚行をくり返した。

結果、夜逃げという窮地に自らを追い、母にも後援者にも迷惑をかけることになった。

ただ、この〝損一郎〟に学ぶべきは、ときに失敗を真正面から向き合わず、逃げたことが、意外に再起につながる場合もある、ということを実地に教えてくれた点である。

自らの責任で招いた苦境から逃げ出すのは、一般に「見苦しいこと」「情けないこと」と映る、その潔くない行動（アクション）は人々に嫌われて当然ともいえた。

しかし彼は、逃げることによって、自らの再起に必要なエネルギー――失敗して枯渇（こかつ）しているやる気を、無理やり絞り出すのではなく、蓄えることができたともいえる。

ここでいうエネルギーは、自分の中から自然と湧きでてくる活力、気力のことであり、意識してカラ元気を出して絞り出しても、本来、出ないもの。無論、他者から励まされることで、湧きでてくるものでもない。それ相応の、〝時間〟が必要であった。

一時避難することとは、真面目に頑張って潰れるよりは、マシであろう。

世にいう鈍感な人、打たれ強い人というのがいるが、彼らの本質は開き直りであり、悠長に構えることは、〝損一郎〟の中にある、逃げてかわすといった行動と一脈通じるものがあった。

人は誰しも頭の中で、クヨクヨ自己否定をくり返しても、建設的な考えは生まれてこないものだ。とくに、大失敗をした直後には、まずは自己否定の思考から生まれる、負の連鎖を止めることが大切である。

ただ、失敗を失敗として認めなければ、くり返してきた敗因を正しく理解することはできない。せいぜい、「自分は運が悪かっただけなのだ」ということで、終わってしまう。難しいところだ。江戸が「東京」と改まった首都に、逃亡した惣一郎にも、そのことはいえた。明治四年のことである。

無から有を生じる商い

夜逃げするおり、母が工面した三十三両をもたせてくれた。新貨条例が出て、「両」は「円」へ。道中で六円使い、下宿先に月六円の下宿代を払うと、手もとがさびしくなった。惣一郎は路傍(ろぼう)で、砂糖水を売る商いを手掛ける。当時、製氷は一般化していない。氷水ではない冷やした砂糖水を、大声をかけながら売り歩いた。一杯一銭である。一日に四十銭の売り上げで、月六円の下宿代を支払っても、どうにか暮らしていけた。とはいえ、こんな小商いでも元手(もとで)もかかれば、雨の日、売れぬ日もある。稼げるのは夏だけで、秋になると売り上げは落ちた。とても将来、財を成して借金を完済し、晴れて故郷へ錦を飾ることは覚束ない。ここが惣一郎の、運命の別れ道だった。

ふと同郷の知人が、横浜で酒屋をしていることを思い出した。彼はその知人を訪ね、住み込みの店員となった。この酒屋は、醤油も味噌も販売していた。

――ここから、のちの浅野財閥がスタートすることとなる。

〝時〟をかけて惣一郎も、己れの失敗をようやく認めるようになった。

そうすると、状況が一変する。眼鏡のレンズのくもりが晴れたように、いろいろなものがよく見え、これまでにない発想が生まれてきた。

商機というものはいつの時代、いかなる事業でも、他愛のないことから生まれる場合が少なくない。要は、それを活かせたかどうか。

惣一郎は毎日、竹の皮で味噌を包む仕事をする中で、ある日、この竹の皮が田舎では捨てられていることに気がつく。にもかかわらず、横浜で竹の皮に価値がついているのは、洗い、伸ばし、揃えする手間をかけ、売りものとしたからだ。

「待てよ――」

これまで、自分が事業に失敗しつづけたのは、ほとんどが時勢と運転資金に恵まれなかったからである。天下国家は変えようがないが、商いは違う。仕入れ資金を、売上金で取り返せなかったから破綻したのだ。もしも、仕入れ値が格段に低いか、必要がなければ、要するものは労働力、身一つだけで、売れればそのまますべてが利益となる。

「竹の皮は、タダ同然であった」

浅野総一郎の生涯を決定づけた発想は、まさにこの一瞬に生まれたといってよい。

思いつけば実行に移すのが、成功者の必須条件である。

まして、先へ先へとつんのめるように急ぐのが〝損一郎〟＝惣一郎であった。

横浜住吉町（現・神奈川県横浜市中区住吉町）に、ささやかな竹の皮屋を開業した彼は、竹の皮を入手。一人の若者を雇い入れ、竹の皮を洗ったり伸ばしたり、商品化するのは彼に任せて、惣一郎は一日十貫（約三十七キロ）の竹の皮を天秤棒に担いで市場へ。売りつくして正午すぎに一度、店に戻って午後は竹の皮の仕入れに奔走した。

明治五年（一八七二）、二十五歳の彼は十六歳のサクを妻に迎えた。のちにふり返れば、彼女は最高の妻(ベターハーフ)であった。とにかく、この夫婦は一日中懸命に働いた。

そして惣一郎は、竹の皮の産地＝姉崎(あねさき)（姉ヶ崎(あねがさき)＝現・千葉県市原市姉崎）が薪や炭を安く入手しやすい場所であることに気がつく。竹の皮屋の経営が軌道に乗ると、彼は次には薪炭(しんたん)の商売に手を出した。ここでも惣一郎らしいのは、薪炭の保管する納屋（倉庫）すらもたず（もてず）に、安値で仕入れ、わずかな利で早々に売りさばこうと考えたところだ。彼は大口需要家への、飛び込みセールスを積極果敢に行った。

物怖(ものお)じしないのも、成功するための条件かもしれない。いきなり県庁へ売り込みにいった惣一郎は、担当の用度係が内職に、高利貸しをしているような男であったことを幸いに、この男を手なずけるように、県庁から警察、病院、裁判所、はては外国商館など、次々と売り込み先を紹介してもらい、販路を開拓していく。

薪炭商の看板を立ち上げたのが、明治六年十月のこと――。

このあたりは、郷里での急成長の頃とよく似ている。ところが、やはり〝損一郎〟か?!――得意先にしていた外国商館が倒産し、四百万円もの売上金を踏み倒されてしまった。

だが、彼は怯(ひる)むことなく、より一層、必死になって働いた。

そうした惣一郎のもとへ、千二百五十トンもの、大量の石炭を買ってくれ、との話が舞い込む。ただし、聞けば水に浸った石炭だという。惣一郎は、これをトン当たり三円五十銭の安値で買い叩(たた)くと、捨て値同然のこの石炭を辛抱強く抱え込んだ。

まもなく一時的ながら石炭が不足し、価格が高騰する。「頃合(ころあ)いやよし」と惣一郎は、抱えていた石炭を荷車に積むと、一斉に売り出した。

売り値は、トン当たり七円で二百トン。この取引が世に知られ、惣一郎は明治七年六月に丁髷（ちょんまげ）を切った。一説に一万円蓄えたら切るといっていた、という。

彼はようやく〝損一郎〟を卒業し、成功者の仲間入りを果したようだ。

公衆便所とコールタールと、渋沢栄一との出会い

時期は少しずれるが、惣一郎は人間の排泄物を商い、糞尿を商品化したことがあった。横浜市内に六十三ヵ所の公衆便所をつくり、その排泄物を近郷農村に売りさばいたというのである。この売り上げは、毎月三百円にもなったという。味噌が四百グラムで十銭、醤油二リットルで二十銭といった頃の三百円である。

明治八年（一八七五）、惣一郎は石炭販売に精を出す一方で、以前から開設されていた横浜瓦斯（ガス）局（のち横浜市瓦斯局をへて、東京ガスの前身の一（いっ））の、石炭を燃焼させた後に残るコークスとコールタールに目をつけた。

瓦斯局では早くから、廃棄物として出るこれらの処分に難渋していた。当時、コークスやコールタールの利用法は、いまだ日本では知られていなかったのである。

「しかし、タダだ。しかも大量にある。なにか廃物利用の方法はないものだろうか」

竹の皮の商売以来、〝無から有〟を生む商いに自信をもった惣一郎は、コークスやコールタールを目前に、日々、必死の形相で思案した。もとより彼には、なんらの専門知識も、技術もなかったが、いかなる廃棄物でも手間さえかければ、必ず商品化は可能との信仰に近い信念が、惣一郎にはあった。

思案にあまった彼は、己れが石炭を納入する町工場や知り合いの技術者を訪ね歩いた。

「外国では火力に用いているらしいが、日本ではコークス自体の認識すらがなぁ……」

やり方によっては、火力になる。そう聴いた惣一郎が、本領を発揮するのにさほどの時間はかからなかった。

おりしも設けられたばかりの、工部省深川工作分局のセメント工場に駆け込むと、燃料にコークスを使用するように、と惣一郎は熱心に勧めた。工場では彼の執念に閉口したのであろう。試験的に研究・調査したところ、意外にもセメントを焼くのに、コークスが充分な火力をもっていることが知れる。そうなると、これまでのように高価な無煙炭を使用せずともよい、ということになる。

惣一郎は勇躍、横浜の瓦斯局に出向くと、数千トンにおよぶコークスを、トン当たり五十銭という安値で買い占めた。やがて、明治十年が訪れる。

日本全国を震撼させた、西南戦争が勃発。開戦とともに全国の汽船は、政府の御用船として徴発され、民間輸送用の船舶が急激に途絶すると、主に九州からの石炭輸送が絶え、その価格は急上昇し、トン当たり三十円にも暴騰した。そして当然のことながらコークスの値も、これにつられてうなぎ昇りに上がっていく。

どうやら、〝損一郎〟の看板も用済みとなったようである。

加えてこの時期、惣一郎は王子抄紙会社（のち王子製紙）への石炭販売を通して、渋沢栄一の知遇を得た。のちの浅野財閥のことを思えば、こちらのほうがより大きな収穫につながった、といえるかもしれない。

渋沢は惣一郎の事業を、飛躍的に拡大する契機をつくってくれることとなる。

苦手な資金繰りが渋沢の支援によって容易となり、かつ多額の資金をも集められるようになった惣一郎は、ときには長崎まで遠征して、直接に石炭を買い占め、これがために一挙に、数万円もの巨利を得ることも可能となった。

――この二人の出会いについては、次のような挿話が伝えられている。

抄紙会社でもコークスの燃料化を試みていたが、こちらはなぜか失敗。

溜りにたまったコークスの山をもて余していたところへ、惣一郎が現われた。彼はコークスを引き取り、代りに石炭を納入することとなったのだが、この労働だけを資本と考える男は、石炭船が到着すると、自らも真っ黒になって荷揚げを手伝うのが常であった。すでにある程度の財を成していても、生涯、働くことの好きな惣一郎は、決して現場を離れようとはせず、その働く姿に渋沢が興味を抱いた。

一度会ってみたい、と支配人を通じて渋沢はもちかけたのだが、意外にも惣一郎はこの好意を突っ撥ねる。

「私は昼の間は一分、二分を争う商売をしています。夜分ならばともかく――」

時間がありません、というのだ。惣一郎はタダのものを拾って商売はしても、決して、ときの権力者におもねろうとはしなかった。

もし、渋沢が心の狭い人で、怒りにまかせて出入り禁止にでもしてしまえば、惣一郎は大切な得意先を失ったかもしれず、嫌われれば、その後の実業家としての生命は絶たれたかもしれない。が、彼は己れのスタイルを曲げなかった。

ところが拒否された渋沢は、ますます会ってみたくなったという。夜分でもよいから、訪ねて来るように、と伝言させた。すると惣一郎は本当に、夜になってやって来る。

渋沢はこの時刻、すでに床に入っていた。

セメントに巡り会う

「一日に人間、四時間以上寝ると馬鹿になる。人間は二十時間は働くべきだ」

心底、そう信じてきたような惣一郎である。

事実、これほど休まずに働いた男も、日本史上、めずらしいのではあるまいか。朝は家人の誰よりも早く暗いうちに起きて、横浜から東京まで商売に行き、誰もが寝静まった夜更けに、汗まみれになって帰ってくる。趣味といえば、風呂に入るくらいであったろうか。

当然のごとく、渋沢家に面会を断わられた惣一郎の、セリフがふるっていた。

「夜分来いとオッ仰るから、夜分伺ったのに、それでは御約束が違います。浅野の夜分は、毎夜十時過ぎからなのです。十時前は宵の内ですと旦那様（渋沢）にお伝え下さい」（北林惣吉著『浅野総一郎伝』）

そういわれて、ならばと応対した渋沢の、惣一郎に対する第一印象は、生涯変わらぬきわめて好意的なものとなった。

——惣一郎の、錬金術はつづいた。

コークスの成功に気をよくした彼は、もうひとつの廃棄物であるコールタールの商品化にも取り組んでいる。瓦斯局では捨て場に頭を悩ませていたものだが、惣一郎は「売れれば一石（〇・一八立方メートル）につき、五十銭を納入する」という五ヵ年契約を結んでいた。徳利にコールタールを詰め、処々方々（しょしょほうぼう）へ持参したものの、皆目、目途（めど）がたたない。横浜の中華街では、コールタールが錆止め（さびど）や防腐剤として使用されていることはわかったが、需要のほうは皆無に等しかった。

「やはりこれも、待つしかあるまい」

惣一郎はペンキ屋に依頼して、コールタールの商品化を細々と検討しながら、時機を待つことにした。もとはタダ同然の廃棄物である。利益を生んでくれれば、ありがたいと思わねばなるまい。惣一郎の心底は、そんなところであったろう。

〝無から有〟を生じさせる商売に、あせりは禁物であった。

三年が経過した。かつて己れの医者への道を断念させたコレラが、再び流行し、世上に広がった。そのため、消毒用の石炭酸が品切れの状態となる。実はこの石炭酸、原料はコールタールであった。惣一郎のもとへ、衛生試験所からコールタールの注文が殺到した。

約三ヵ月の間に、毎朝六十樽のコールタールが汲まれ、荷積みされた（一樽五円）。
またしても、〝無から有を生じさせた〟惣一郎の錬金術は成功をおさめ、そうこうするうちに、彼の人生を決する、重大な局面が訪れる。

先に少し登場した、工部省の深川セメント工場が、赤字のため操業中止となったのである。石炭やコークスの納入で出入りしていた惣一郎には、日本屈指のこの近代的工場——イギリス人技師を招いて、二十一万円もの政府資金を投入した工場——が、赤字であるという現実が、どうにも信じられなかった。働き者の彼には、親方日の丸的な工場内の弛緩が、赤字の最大の原因と映ったようだ。

惣一郎は渋沢に頼み込み、この工場の払い下げを願い出る。

だが、渋沢は惣一郎の将来を慮って反対した。

この時代、セメントは需要が限られていて、あまりにも市場が小さかったからだ。なにぶんにも、セメントはレンガの接着剤程度にしか認識されていなかったのである。

しかし惣一郎は、我を立てる。その一方で彼は、研究熱心であった。

コークスやコールタール同様に、セメントについても自ら専門家を方々に訪ね、耳学問ながら専門知識を少しずつ殖していく。

「国家の将来を考えても、セメント製造はつづけるべきだ」

惣一郎は渋沢を執拗に説き、同時に払い下げを申請していた〝三井〟〝三菱〟という巨大企業を相手に戦い、ついには一、二年、惣一郎に貸付けて、様子を見たうえで払い下げというところまで漕ぎ着ける。

ついでながら、〝三井〟や〝三菱〟はセメント工場を経営する気はなく、その工場用地を狙っていた。〝三井〟は跡地に倉庫を建てたいといい、〝三菱〟は別荘こそを、と主張したのが払い下げの目的であった。

〝セメント王〟から財閥の主へ

けれど惣一郎は、違った。これまでの竹やコークス、コールタールと同様、そのものの本来の用途を、引き出すことによってのみ、商売にしたい、との考え方があった。跡地利用など、とんでもない。セメントの用途を全うしてこそ、意義がある。

彼はそう主張し、その姿勢がついには認められたのである。

それだけに、惣一郎のこの工場にかける熱意は凄まじいものがあった。

まず、自身の住まいを、それまでの横浜から工場内の長屋に移すと、早朝五時から工場を一巡し、午前六時には工場の入口に立って職工たちを迎えている。

職工たちの気持ちを引き締めるため、出勤時間に遅れた者は氏名を黒板に書き出させ、事務員にも一人でいくつもの役割を与え、重労働を課した。

こうした経営者の下で働く者は、さぞかし大変であったに相違ない。

ただし一方で惣一郎は、職工や事務員のための、社内預金による積立金制度を設けるなど、厚生方面にも配慮をしている。なにより、惣一郎が一番働いた。

彼は一日中、職工とともにセメントにまみれ、夜は簿記を勉強し、深夜におよぶまで帳簿類に目を通し、そして明日に備えた。いかに仕事の鬼、鉄人といっても、これでは体がもたない。ついに惣一郎は血を吐いた。医師はいささかあきれ顔で、忠告したものだ。

「このままでは生命（いのち）を縮めます。あなたはお金儲けと生命のどちらが大切なのですか」

すると惣一郎は、困ったような顔で、答えたという。

「できれば、両方ともほしいのですが」

セメント工場の操業は順調に推移し、二年後、正式に惣一郎へ払い下げられた。

工場は渋沢からの出資を得て、「浅野セメント工場」となる。業績はさらに伸び、明治二十三年（一八九〇）には工場を改造・拡充。同二十六年には、門司（現・福岡県北九州市門司区）に新工場を建設するまでとなった。彼がいよいよ「総一郎」を名乗る年である。明治三十一年、総一郎は事業をより拡大するため、資本金八十万円の合資会社に改組。以後、そのセメント事業は急速に発展成長し、彼は押しも押されもしない〝日本のセメント王〟となった。

——それでも総一郎は、あくまでも第一線に立ちつづける。

おそらく彼の魂は、不遇の連続だった〝損一郎〟時代と、何ら変わっていなかったに違いない。総一郎は商売が心底、好きなのだ。その根本を彼は、横浜で開眼＝〝無から有を生む商い〟に、ただただ熱中して、余裕ができると翼を広げていっただけのことであった。

話は遡るが、総一郎は明治十九年、日本の海運を独占しようとする〝三菱〟に対抗し、浅野回漕店を創立。安価で入手した老朽船を買い増しながら、海運業界に進出した。

〝三菱〟はほとんどが新造船を擁する業界の最大手——誰の目にも、この勝負は戦う前から勝敗がついているように見えた。

「やめたほうがいい、相手が強すぎる」

と忠告する人もあったが、総一郎は悠然と戦いつづけた。

なぜ、それが可能であったのか。実は、彼の持ち船が廃船同様の低コストであったからで、スピードでは〝三菱〟にかなわなかったが、運賃はきわめて安く、それなりの需要があったから存続できたのであった。

安田善次郎の後ろ楯

明治二十九年(一八九六)六月二日、総一郎の東洋汽船が発足した。

支配人に就任した白石元治郎(しらいしもとじろう)は、渋沢の紹介で総一郎のもとに入社した帝国大学の卒業生(明治二十五年)であった。越後高田(現・新潟県上越市)の士族の子で、〝神童〟と呼ばれるほど、幼少期から出来がよかったという。

その白石が企業訪問したおりも、総一郎はセメントまみれの作業服を着ていた。

「君が法律家として私の顧問となるなら、それ相当の額を奮発しよう。しかし、君が商売を覚えたいということなら、商いは私の方がうまい。むしろ、君から私が月謝をもらいたいぐらいいだ」

そういって総一郎は、君の友人で一番月給が安いのは、と問う。

司法官試補（正官に任命されるまで事務見習いをする者）の二十五円（ただし、一年たって正官となれば年俸六百円）と白石が答えると、では二十五円（現在の貨幣価値で、二十五万円）出そう、と総一郎は返答したという。

入社すると白石は、セメントのついた作業着を着させられ、前垂れをつけさせられて、なかなか終わりのない仕事にこき使われた。そのくせ月給は、一年たっても上がらない。渋沢に苦情をいうと、「忘れているのだろう。話してみる」といわれ、翌月になると五十円に倍増したという。白石はやがて浅野石油部へ移り、総一郎の次女マンを妻に迎える。のちに日本鋼管（現・ＪＦＥエンジニアリング）を創業したのは、この白石であった。

石炭、セメントと順調にきたものの、原油を輸入しようとした総一郎の計画は、明治四十一年の石油に関する輸入関税法改正案が可決され、関税大幅アップとなって手痛い敗北となった。総一郎は〝石油王〟には、なれなかったのである。

そのこともあり、東洋汽船への彼のこだわりは増していく。自らアメリカとの航路を交渉しに出向いた総一郎は、盟友・大川平三郎（渋沢の甥・のち〝日本の製紙王〟と呼ばれる）の同行もあり、サンフランシスコと横浜を結ぶ航路を見事、開いた。

途中、日清戦争後の大不況が直撃し、株価の急落に見舞われたが、総一郎は当時三千トンが一般の航路に、六千トンの大型客船三隻をイギリスに発注して、まわりを驚かせた。日露戦争のあとには、一万三千トンを超える巨船二隻の保有を決断してもいる。

ところが戦後、アメリカの対日感情が一気に硬化し、アメリカ政府はハワイ経由での本土への移民受け入れを禁止する。日本政府も、アメリカへの移民を自粛することになった。東洋汽船にとって移民はお得意先であり、汽船の主力は日米航路である。二隻の巨船の建造費（分割払い）も負担となって、一航海に数十万円の赤字が計上されるようになった。五百万円の融資が必要となった総一郎は、いつものように渋沢に助けを求めたが、この時、渋沢は銀行（第一国立銀行、改め第一銀行）からの隠退を表明しており、後任の頭取に融資を要請したが、額が大きすぎて断られてしまう。この総一郎の最大のピンチを救ってくれたのが、安田善次郎であった。

創業以来つき合いのあった渋沢の銀行が見放したものを、安田銀行が救ってくれた。善次郎は巨船三隻を担保に社債を発行し、それを自らが八百万円で引き受けるというのだ。船だけで一千万円以上の担保価値があり、しかも各々の船には政府の奨励金もついていた。

「持参金付きです、大丈夫ですよ」

以来、総一郎と善次郎の二人三脚が、日本経済界を牽引することになる。大倉財閥を築いた大倉喜八郎は、「浅野が機関車で安田は石炭のようなもの」と表現していた。

一方で総一郎は大正二年（一九一三）、すでに鶴見・川崎の百五十万坪の埋め立て事業に着手していた。埋め立てといえば、一万坪が相場であった時代である。東洋汽船の日米航路交渉に出向いた彼は、欧米の港湾の大きさに内心、度肝を抜かれた経験があった。

筆者は「令和」の日本――世界都市「東京」を支え、その発展を担った功績を考えるとき、総一郎が行ったこの東京湾の遠浅の海岸を埋め立て、水深のふかい港を造り、さらに大工業地帯を造成した――船と港、工場＝鉄道をつなぐ――今日にいう〝京浜臨海工業地帯〟の大規模開発こそ、全事業の中で最も高く評価している。

「このウォーターフロントの工業累積が、東京を名実ともに世界の大都市に変貌させるエネルギーとなったのである」（都市建築研究所　望月昭彦・『開発』所収　昭和六十二年）

あまりにも大規模な事業のため、これまで浅野を支えてきた〝日本資本主義の父〟・渋沢栄一も支援を躊躇したが、このおりも安田善次郎が三日三晩、自ら現地に出向いて調査を行ったうえで、

「この事業は、これからの日本に必要です」

と協力を約した代物（価値のあるもの）であった。

造船と海運の夢

明治四十五年（一九一二）三月に鶴見埋立組合（二年後、鶴見埋築株式会社）が設立され、大正二年（一九一三）から大工事は着工した。完成したのが大正四年、七万坪の埋め立て地が造成されている。

埋め立てが始まった時は、時代が総一郎にとって追い風となっていた。第一次世界大戦の影響で、大正四年の後半から、日本経済は飛躍的に伸びている。

七十歳を前にした彼は、京浜工業地帯の次に、横浜港の近くに一大造船所を造る計画に着手する。翌年、「横浜造船所」（のち浅野造船所）が設立された。

が、いかにもこの人物らしいのは、この時点でも造船所の敷地すら決まっていなかったのだ。ならば、と総一郎は、自らの埋め立て地（第六区）に造船所を建設し、大正六年四月に開場式を挙行。七月には早々と、一隻の船を進水させている。

この年、四隻で計四万六千トンを建造。

「日本の造船史上最も速く、船を建造した」

と、彼はもてはやされたが、この年の七月、アメリカは突然、「鉄鋼（鋼材）輸出禁止令」

を公布する（日本への通達は八月）。第一次世界大戦に参戦したアメリカは、船不足に直面しており、門戸を閉じたのだが、アメリカに九割の造船用鉄鋼材をたよっていた日本は、そのため大変な苦境に陥ってしまう。

しかし、そのようなことで挫ける総一郎ではない。「ならば――」と今度は、浅野合資会社に製鉄部を新設。大正七年四月には、独立させて浅野製鉄所を発足させる。

この年、浅野同族会社が創設され、すべての事業を統括する持ち株会社が誕生した。

三井・三菱・住友・安田に次ぐ財閥――総一郎の絶頂期であったかもしれない。

このあと八十四歳の安田善次郎を、ドイツ政府から第一次世界大戦の賠償として受けとった大型客船カップ・フィニステレ号に乗船させ、七十四歳の総一郎が一緒に上海、マニラ、香港を回ったこともあった。

臨海部に工業地帯をつくる総一郎の計画について、善次郎はいったものだ。

「私は浅野さんなら、一億円（現在の貨幣価値に直すと四千億円）ぐらいは貸しても全く問題ない、と思っています。あなたのようにお金を使う人がいないと、日本の近代化が遅れます。私がしっかり支えますから、思い切りやって下さい」

「九転十起」の人生

――総一郎はいう。

「運は寝て待てとは嘘だ。運は水の上を流れている。命懸けで飛び込んでつかむ度胸とつかんだ運を育てる努力がなければ運は我が身に宿らぬ」（北林惣吉著『浅野総一郎伝』）

期せずして、かつての郷里の恩人・山崎善次郎のいった「九転十起」の人生をおくった総一郎は、徳川時代初期の高僧・天海の信奉者としても知られていた。

理由は単純であった。百二十五歳まで生きたという天海大僧正に、自らもあやかりたかったからだ。そのためには、「正直」「日湯」（毎日湯に入る）「粗食」「だらり」（気分転換）――天海が長寿の秘訣としてあげた四項目を、日夜、総一郎は実践するよう心がけた。

昭和四年（一九二九）、八十一歳になった彼は、

「私は百二十五歳まで働く」

という一文を、雑誌に発表。年を経てなお旺盛な事業欲を満たすために、朝食はオートミールに牛乳で一合、味噌汁、卵三個、米飯一膳、水菓子、チーズ、紅茶。昼は鰻丼か天丼に、釜揚げうどんを一杯添えた。夜は肉を主体とした洋食をとっている、と自身の食生

活を披露している。

また、「常に精神を愉快に持ち、若々しい気分に満ちること」を、周囲の者に長寿の秘訣として説いたりもしている。

百二十五歳まで働く、と誓っていた総一郎であったが、頼りとしてきた盟友の、資金提供者である善次郎が突然、この世を去ってしまう。大正十年九月二十八日、大磯の別荘にあった彼は、面会を強要した無名青年の凶刃に倒れた（享年八十四）。

思えば、前へ前へと、凄まじい活動力（バイタリティ）を示してきた総一郎が、己れの事業を次々と形にすることができたのは、後半生、この〝銀行王〟のおかげであったといえる。

第一次世界大戦の海運ブームに乗り、大躍進を遂げた東洋汽船が、戦後の反動不況ではサンフランシスコ航路や南米航路を、日本郵船に譲り、貨物専門の小さな海運会社への転向を余儀なくされてしまったのも、総一郎の後ろ楯＝善次郎が他界したからであった。

善次郎を失ったことが、東洋汽船の日本郵船への吸収合併という形であらわれた。

のみならず、尽きることのない総一郎の起業ことごとくに、待ったがかかるようになった。それでも彼は、挫けない。「九転十起」――善次郎の代わりを、海外の金融機関に求めようと画策する。

昭和五年五月、総一郎は八十三歳でヨーロッパとアメリカの視察に出発した。

敦賀（現・福井県敦賀市）を出港してウラジオストックへ、シベリア鉄道でユーラシア大陸を横断。途中、体調不良を覚えた彼は、七十日間の船旅を終えて帰国。それでも恩人・渋沢栄一のもとへ、帰朝の挨拶におもむいている。

その総一郎をみて渋沢は、大磯の別荘に行き、体を休めることを執拗にすすめた。

八月に別荘へ出向いた総一郎だったが、医師の診断をうけた結果、食道癌（がん）にかかっていることが明らかとなる。この時の、彼の反応もこの人らしい。

「ガンか……、ならば仕事を急がねば……」

十月に入って総一郎は風邪をひき、肺炎を併発した。

病床につきそった秘書の北林惣吉の前で、昏睡（こんすい）状態となった総一郎は、「石炭から油が出るぞ」といいながら、この世を去った。十一月九日のことである。享年八十三。

彼の恩人・渋沢栄一は、昭和六年十一月十一日まで生きた。こちらの享年は、九十二。

浅野総一郎の墓は、鶴見の總持寺（そうじじ）（現・神奈川県横浜市鶴見区鶴見）にある。

もとは能登の鳳至（ふげし）郡門前町（もんぜんまち）（現・石川県輪島市）にあった曹洞宗の大本山であり、明治三十一年（一八九八）に火災に見舞われて焼失した。そのおり総一郎が土地を寄付して、鶴見に移させたものである。

そういえば、京浜工業地帯を今に走るＪＲ鶴見線には、「浅野」（総一郎）のほか、彼縁（ゆかり）の人々の名前に因（ちな）んだ、「安善（あんぜん）」（安田善次郎）、「武蔵白石」（白石元治郎）、「大川」（平三郎）といった駅名があった。

新型コロナウイルスの出現により、その猛威が世界中を震撼させ、消費が一瞬にして蒸発し、サービス業の経営者の中には、事業継続に不安や絶望を覚えた人も少なくあるまい。

だが、もう駄目だ、と思ったときこそ、実は本当の好機（チャンス）、仕事の始まりではあるまいか。

そのことを身一つで、雄弁に教えてくれたのが浅野総一郎であった。

もし、コロナ禍の今日、彼がこの国にいたならば、その人懐っこい顔に笑みを浮かべながら、こういったに違いない。

「九転十起じゃよ、人生は――」

へこたれず、幾度でも立ち上がれ、と。

無学で不器用でも、時運を待ち財閥を興した
古河市兵衛

普通は隠蔽してしかるべきなのに……

人は誰しも、不祥事に巻き込まれると、咄嗟（瞬間）に嘘をつく。

自らもかかわったことで失敗が発生すると、つい隠蔽工作に走ってしまうもの。

筆者は「隠す」という行為そのものを、批難しようとは思わない。損得勘定でみた場合、正直に告白して「ミスをしたダメな人、ダメな組織」と外部にみなされ、内部では降格や左遷を喰らうくらいならば、隠し通すのも決して悪くはない。

けれども、隠蔽する前に、歴史の教訓として知っておいてほしいことが一つある。

隠し通すという行為は、本人が思っているより以上に、多くのエネルギーを必要とする。いっそ正直に告白していたならば、と心中にくり返しわき起こる思い、後悔を抑えつづけるのは、長く心身を疲弊させることにつながってしまうものだ。

加えて、隠蔽したことにより、失敗の原因が明らかにされないまま放置され、再び事件が起きたときには、隠すこともままならないほどの、大惨事となってしまう可能性が、歴史上では頗(すこぶ)る高い。

逆に、失敗したその時、正直にそのことを告白した人の方が、歴史の世界では再度挑戦の機会が与えられる場合が少なくなかった。

明治日本の企業の、七割近くに直接・間接を問わずに関与した、とされる渋沢栄一は、

「私の知己(ちき)に、無学成功の三人がいる」

と前置きし、三井家の大番頭・三野村利左衛門、〝天下の糸平〟といわれた田中平八、そし

て古河市兵衛をあげたことがあった。

「無学と云ふと甚だ軽蔑したやうに聞えるが、私が無学の人と云ふのは、規則的の学問をせぬと云ふ意味で、つまり、順序に従って修学せぬことを云ったのである」（「追録　市兵衛翁を憶ふ」・五日會編『古河市兵衛翁傳』所収）

ようするに、ここで渋沢のいう「無学」とは、正規の小学校↓中学校↓高等学校、あるいは大学・専門学校と進むべき道を歩まないで、早くに実社会に出て、世間にもまれ、鍛えられ、叩きあげで〝世間知〟を学びつつ、自らの天稟の才能を、商いの世界でのばした人物、ということになりそうだ。

「才のともしきや、学ぶ事の晩きや、暇のなきやによりて、思いくずおれて、止まることなかれ」（『うひ山ふみ』）

と著作で述べたのは、国学者の本居宣長であったが、自分の才能のなさや、学びの遅さ、多忙さを理由とせず、思い止まらないで学びつづけた人＝「無学」と解してもよい。

もっとも、渋沢のあげた右の三人の「無学」は、凄まじいものがあった。

なにしろ三人は、新聞もろくすっぽ読めなかった、と渋沢は証言している。

「三人は斯くも文字（文章、ここでは学識のこと）は無かったが、その為した事業は、凡

人の企及（匹敵）すべからざるものが多い。その内でも、古河翁が第一位を占むるべきものと私は考えている」（同右）

併せて、三人が正直者であったとする渋沢の証言を加味すると、なるほど右の三人は、いかなる苦境に追い込まれても、まず逃げる、隠すという選択肢を、外すことのできた人々であったことは間違いなさそうだ。その一位が、古河市兵衛だという。

明治七年（一八七四）二月に『各府県為替方設置手続及為替規則』がふいに変更となり、為替方をつとめる三井・小野・島田の豪商三家（組）は、預かり金の三分の一に相当する担保の提出を義務づけられた。

さらに十月に入ると、預かり金と同額の担保を提供するように、との通達が出される。しかも、その追加担保の提供期限は十二月十五日だというのだ。

まさに三家にとっては、青天の霹靂（突然起きた異変、大事件）――〝三井〟が事前に知っていたことは、第二章「三野村利左衛門」の項（173ページ）で述べる。

一説に放漫経営をつづけていた小野組の行く末が危ない、と危惧した政府――とりわけときの大蔵卿・大隈重信が、国庫金を小野組に預けておいては取り返しがつかなくなる、と考えて、小野組を破綻させても担保だけは回収したい、と考えたともいわれている。

しかしこのとき、誕生したばかりの渋沢栄一の第一国立銀行は、その小野組と〝三井〟が半額ずつ出資したものであり、一方の小野組が倒産すれば、第一国立銀行も連鎖倒産の可能性が高かった。

銀行の経営に当っていた渋沢も、もと大蔵省の上司である井上馨(かおる)から、当然、小野組が危ないことは、事前に聞いていたであろうが、資本金二百四十四万八百円の第一国立銀行の貸し出しは、このおり百三十万円内外に及んでいた。

おそらく、〝三井〟と井上の間では、政府の力で第一国立銀行を救済する方法が、別途、事前に話し合われていたのだろうが、渋沢はそれを知らされていなかったようだ。

切羽詰まって(どうにもしかたがなくなり、最後の土壇場(どたんば)となって)渋沢が、「小野組の責任者に、来るように伝えよ」と呼んで現れたのが、〝三井〟の大番頭・三野村利左衛門と同様の地位にあり、のちに古河財閥を一代で築くことになる古河市兵衛であった。

もっとも、市兵衛にすれば降って湧いたような災難、としかいいようがなかったろう。

小野組転籍事件で〝無一文〟に

三井組、島田組と並んで、早くに討幕派である薩長勢力＝のちの新政府内の薩長藩閥を支持した小野組は、新政府の為替方に任命され、全国の公金取り扱いをまかされた。

これは新政府そのものに信用がなく、旧幕時代から豪商の名の通っていた三家の〝信用〟を政府が借りたようなものであったといえる。

ただし、参画した商人はつねに、お金をあそばせておくということをしない。

ましてや多額の政府資金を、無利息で運用できるのである。当然のことながら三家はこれを活用、小野組では生糸や鉱山経営に、この潤沢な政府資金を投資した。

ところが新政府がふいに、三家に委託していた為替を取りあげる方向へ転換する。

事業は手広く展開されているが、現金は手もとにないことは政府も重々承知のはず。にもかかわらず……、市兵衛はこの小野組を襲った倒産劇に、もう一つ裏の事情があったことを摑(つか)んでいた。京都府参事・槇村正直(まきむらまさなお)の小野組転籍事件と、後世に呼ばれる一件である。

日本屈指の豪商である小野組は、天皇の東遷により衰退するであろう本拠地の京都から、一族の者を二人、東京へ。さらに一人を神戸に、本籍を移させて未来に備えようとした。

この動きに難癖をつけ、一向に転籍届けを認めなかったのが京都府庁であった。

小野組に京都を出られては税収その他、京都府が困ることになる、と判断したからだ。

困惑した小野組では、明治四年（一八七一）の司法省達第十六号にある、「転籍を地方官が妨害したときは裁判所または司法省へ訴訟して苦しからず」との条項に則り、明治六年五月二十七日に京都裁判所へ「難渋御訴訟」をもって送籍を許可願いたい、と訴え出た。

これがいけなかった、と市兵衛は今にして思う。

ときの京都府知事（三等官）は長谷信篤——公卿の出身で、行政実務には暗かった。

問題はその下にあって実質、京都の行政を司っていた長州藩出身の府参事（五等官）・槇村正直であった。二十代で藩の密用方聞次役（現在でいう公安警察のような役職）など、藩の検察畑を歩んだ彼は、尊攘過激派の〝七卿〟が八・一八クーデターのあと、都落ちしたおり、国境にこれを出迎えたこともある。

明治元年には議政官（立法府）に出仕したが、目まぐるしい機構改革の中で議政官が廃止されると、長州閥将帥の木戸孝允（前名・桂小五郎）の薦めで、槇村は京都府へ出仕。権参事—大参事—参事と順調に栄達した。

政府を二分する長州閥の首領木戸に信任され、同郷の井上馨とも特段、親密であった槇村は、その鍾馗髭とともに人々から恐れられる存在であった。ときに彼は、三十八歳。

この槇村の牛耳る京都府に対して、まっ向からその非を鳴らし、新設まもない京都裁判所に、小野組は訴え出てしまった。これは先方からすれば、喧嘩を売られたと思ってもおかしくはなかったろう。しかも、法のもとでの平等を信じて疑わない、肥前佐賀藩出身の江藤新平が強力に小野組を後押しした。

そのため裁判所長の北畠治房（出身は大和中宮寺の寺侍）は、長谷知事と槇村参事に対して、各々懲役二十日（贖罪金は知事八円、参事六円）を言い渡した。

実際は罰金のみを命じたのだが、二人はこれを不服として判決を無視。ついには控訴審にあたる司法省の臨時裁判所へ、訴訟は持ち込まれることに――。

いかにして長谷と槇村を裁くか、その形式が論じられている最中、裁判所は槇村を拘留する強行策に出た。木戸はこの処置を憤り、長文の意見書を太政官（政府）に提出したが、江藤は屈することなく埒はあかなかった。

この槇村の一件は、新政府の中で傍若無人にふるまう長州閥の高官に対して、司法卿・江藤の率いる司法省が、鉄槌をくだすべく仕掛けた、形を変えた政争でもあった。

だが、その江藤は征韓論がもとで、薩摩閥の巨頭・西郷隆盛らと野に下り、自らの権力を放棄して、あげくは佐賀の乱で敗れ、もう一方の薩摩閥の将師・大久保利通に処刑されてしまう。

槇村は明治六年十二月に獄中から出されたが、彼の怒りはおさまらず、面目をつぶされた長州閥は、そもそも訴え出た小野組を決して許そうとはしなかったというのだ。

「公金を戻せ――」

といきなり、手のひらを返した。そのために、小野組は潰されてしまう。

市兵衛にすれば、義憤こそ沸き、苦涙は流れ出ても、長州閥の息のかかった第一国立銀行に、素直に応対する必要はなかったろう。また、残された己れが再起するためにも、できるかぎり資産を隠して、渋沢に応対してしかるべきであったかもしれない。

世間は決して、市兵衛の嘘、隠蔽を責めなかったに相違ない。

「自分は悪くない」

「倒産は長州藩閥の仕組んだことだ」

市兵衛のみならず、人々の多くは自らの行為を正当化する言い訳を持っているものだ。

第一、これからの人生を考えれば、倒産した小野組の大番頭といわれるのは、明らかなマイナスとなる。第三者が見苦しいと思っても、次の生きて行く段取りができるまでの方便としては、一時の避難――知らぬ存ぜぬで通すのは、決して悪い手ではなかったろう。

ところが市兵衛は、すべてを正直に語ったのであった。渋沢が証言している。

馬鹿正直者の前半生の悟り

小野組は明治五六年頃全盛を極めて居たが、余り手広く遣り過ぎた為めに、不確実なる事業に資本が固定し、政府よりの預り金は厳重なる取立てに遭ふと云ふ訳で、明治七年には閉店しなければならぬ程の悲運に陥った。〈中略〉私（渋沢）は事業界の為め、将た（まして）銀行の為め、非常に心痛したのである。その際、古河翁は進んで此の倉庫の米が何俵、この生絲が幾何といふ様に、貸金に相当する丈の抵当物を提供した。その為めに、第一銀行（第一国立銀行）は大した損失もなく、危険な時期を通過することが出来たのである。世間普通の者なら、破産に際すれば、有る品物も隠匿したがるのが人情である。然るに翁は隠匿するどころか自ら進んで抵当物の提供を申出で、必ず御損を懸けぬやうにすると云った。如何にも立派な、男子らしい態度ではあるまいか。誠実にして且つ勇気あるものに非ざれば、到底学び能はざる処であらうと、私は深く翁の性格に感じ入った。（『渋沢栄一伝記資料』）

明治七年（一八七四）十一月、小野組が閉店、倒産となるや、市兵衛は無一文となった。

それまで彼が個人として稼いだ一万五千余円は、小野組に預けていたことから、ことごとくを政府に没収されてしまう。ほれみたことか、の苦境である。このとき、市兵衛は四十四歳であった。

しかし古河財閥は、この無一文から生まれるのである。

このおりの市兵衛の心境は、アメリカの小説家マーガレット・マナーリン・ミッチェルの『風と共に去りぬ』で、主人公のスカーレット・オハラが最後にいう名セリフ、

「明日は明日の風が吹く」("tomorrow is another day")

と同じであったのだろうか。

それを確かめるためにも、この人物の前半生をみてみたい。

古河市兵衛は天保三年（一八三二）三月十六日、京都の岡崎黒谷本山＝金戒光明寺（現・京都府京都市左京区黒谷町）の門前に生まれていた。幼名を、巳之助という。

十八歳で盛岡へおもむいたおりに「幸助」と改め、安政五年（一八五八）に養子入りして「古河」の姓となり、これを機に「市兵衛」と改名したという。

生家は木村姓で「大和屋」と号し、酒造業を営み、代々岡崎村の庄屋をつとめた家柄であった。が、市兵衛の父は放蕩の限りをつくして家運を傾けた人で、市兵衛が物心ついた

ときには、彼自身が天秤棒を担いで豆腐を売り歩く生活に零落していた。

市兵衛は二男であったが、兄は家をきらって医者を志し、のちに二十九歳で没している。屋号だけの「大和屋」は、やがて市兵衛の弟・小三郎が継ぐことになる。

日々の食事にすら事欠くありさまで、市兵衛は口べらしに寺へやられそうになるが、

「俺は商売人になる」

と、自ら率先して天秤棒を担ぎ、懸命に豆腐を売り歩いた。

「この豆腐を売らぬと親父に叱られるから、買ってお呉れ」

彼は膝を屈して憐みを乞う〝商い〟を、十一歳からしばらくつづけたという。

もし、このまま市兵衛が己れを取り巻く環境に疑問を持たず、脱する気にならなければ、そもそも後年の古河財閥は誕生し得なかったにことになる。せいぜい勤労をもって、「大和屋」を再建し、祖父の代の分限に戻して、人生を終えた可能性は高い。

――十一歳の市兵衛に、一つの転期がおとずれた。

ある日、駕籠舁とぶつかり、天秤棒の豆腐の箱がひっくりかえって、一部の豆腐がこわれるということがあった。ぶつかったのは相手の不注意もあったが、駕籠舁は高飛車な物言いをした。市兵衛はいつものように情にうったえ、哀れみを乞い、卑屈なまでに頭をさ

げて、豆腐の数をおまけして、どうにかこわれた豆腐を相手にひきとってもらった。

この時、彼は子供心に考えたという。

「世の中に出て、どうか一つ名のある人になり度いものだ」

と。「笑って暮らすも一生、泣いて暮らすも一生」とは、ドイツの諺であったか。

天秤棒を担いで豆腐を売る商売をしていたからこそ、駕籠舁から偉そうにいわれたのだ、と市兵衛は解釈した。

「精神的に向上心がないものは馬鹿だ」といい切ったのは夏目漱石の名作『こころ』であったが、市兵衛は己れの境遇に納得がいかなくなった。

そこで、鞍馬の毘沙門天に立身出世の願を掛け、虎の日に月参りをはじめたという。

十八歳のとき、彼は毘沙門天のご利益をもって、故郷を出ることになる。

運・鈍・根の修行

幸運——のちのことを思えば——は、義母によってもたらされた。

市兵衛の実母は彼が七歳のときに死別しており、継母は十一歳のときに亡くなって、三人目の義母が市兵衛十二歳のときにやって来た。

この女の兄が、盛岡で豪商・井筒屋（のちの小野組）の支配人をやっており、幕末、財政が破綻した盛岡藩南部家二十四万七千六百七十六石では、この支配人＝木村理助を形だけの藩士に取り立てて、井筒屋の機嫌をとるようなことをしていた。

その木村理助が、わが妹が病床に伏していると聞き、見舞にやってきたのだ。

槍を立て、両刀を差した〝立派な武士〟をみたとき、市兵衛はこれこそ毘沙門天の引き合わせだ、と信じて疑わなかったという。

この義理の伯父をたよって、市兵衛は遠く盛岡をめざしたのである。

後世からみれば、たよった先がよかった、といえるかもしれない。井筒屋は京都に本店をもつ日本屈指の豪商であり、両替商と生糸を営み、全国に今でいう支店網を持っていた。

路金三分二朱を蓄え、これを握り締めて、十八歳の市兵衛は嘉永二年（一八四九）九月に京都を出発、奥州路を急いだ。それから安政四年（一八五七）の二十六歳まで、彼は盛岡にいたのだが、何をしていたかといえば、まずは伯父の用達——有体にいえば、借金の取り立てであった。

天下の井筒屋の、盛岡支配人の下で働けるかと思えばそうはならず、理助本人は弘化三年（一八四六）に井筒屋を辞め、盛岡藩で五人扶持をもらい、勘定吟味役をやっていた。その一方で彼は、年二割五分、三年で倍になるという、とんでもない高利貸しを副業でやっていた（当時は上限規定なし）。その取り立て役として、市兵衛はこき使われたのだが、回収するまでねばり強く出向く姿が、やがて伯父にも評価され、盛岡の鴻池屋の支店支配人・那須東五郎にも知られるようになった。

こちらも井筒屋に劣らぬ、天下の豪商・大坂を代表していた大店である。

「私の店へ、甥御を貸してくれぬか」

と引き抜かれたというから、市兵衛もたいしたものだ。二十一歳頃のことだという。

そういえば、のちに財閥となった〝古河〟に入社した、井上公二という人が、市兵衛の宣伝文句となる「運鈍根」について、次のように述べていた。

> 古河翁の運鈍根と云ふことは、翁独創の言葉では無いかも知れぬが、いつも之を口にせられて居た為めに、運鈍根と云へば古河翁の創語と伝へらるるやうになった。
>
> 翁は小僧の時分から色々な事をやられたが、非常に不器用なことを自分に感じて居られた。自分は学問はない、不器用で鈍才である、鈍才であるが正直にやって行けば何事でも

出来ぬ事はない、即ち鈍なるものは大を成す所以で、自分には機敏な働きは出来ぬが、根気でやって行けば何事でも出来る、といふ考へを持って居られた。
併しながら、天運が伴はなければならぬ、精根（人事）を尽して天命を待つで、時運、即ち天命を待つより仕方がない。成功は詰り自分の尽すだけを尽して、天命を待つと云ふことで初めて得られるのである、運と鈍と根気、此の三つが揃はなければいかぬ。即ち小悧巧に立廻って、小策を弄して成功しようと云ふのは、決して成功の要諦でないと云ふ考へを始終有って居られたのであった。（「追録　瀬戸物町時代」・『古河市兵衛翁伝』所収）

市兵衛の生涯をつらぬく、行動原理といってよい。

おそらく、右のような悟りを開いたのは、借金取り、鴻池屋ではじめてたずさわった生糸の買いつけなどにおいて、であったかと思われる。三十両の褒美をもらったというから、気力・体力にものいわせて、ひたすら村々を走りまわったのであろう。

ところが、南部藩の財政破綻に巻き込まれ、鴻池屋は取り付けさわぎに直面する。

殺気だった人々が店に押しかけて、藩札ではなく現金を寄こせとさわぐ中にあって、支配人以下店員の多くは、真っ青になって奥へ逃れる中、ひとり市兵衛は矢面に立ち、

「大坂の店から金がくるまで、待ってください」

と取り引き先の人々に、応接しつづけた。

ふり返れば市兵衛の成功は、こうした土壇場の処し方にあったといえる。彼はいついかなる場合でも、決して逃げない「鈍」と「根」、そして結果としての「運」をものにする。

——換言すれば、最後の「運」を運んでくるのは実力であった。

鴻池屋の盛岡支店は閉鎖となり、市兵衛は再び義理の伯父の許へもどった。おそらく、おもしろくもない取り立てに、改めてこきつかわれた日々であったろう。

だが、彼は腐らない。人生はすべからく、「情は人のためならず」——結局はわが身に跳ね返ってくるもののようだ。自分の都合のいいように、無学な甥をこき使ってきた理助であったが、この人にはこの人なりの人の見方、なりの人脈を持っていた。

先の鴻池屋しかり。のちに市兵衛の養父となる、古河太郎左衛門重賢しかりである。

太郎左衛門も理助同様、生まれながらの武士ではなかった。近江国高島郡安養寺村（現・滋賀県高島市新旭町安井川）の人で、京都の井筒屋に奉公し、かつては理助の上司をつとめたこともあったという。とにかく商いに厳しい人で、これまで養子を三人迎えたが、みな逃げ出してしまった。このとき、太郎左衛門は福島で商売をしていたという。

吝嗇な伯父が二十五両を市兵衛にもたせて、大坂へ送り出した。

理助も、根っからの鬼ではなかったようだ。先方の太郎左衛門も、決して「刻薄な人物」ではなかった。ただ生糸の買い付けに厳しく、市兵衛はこの人のもとで養子となり、徹底してしごかれ、商いを学ぶ。「古河市兵衛」の誕生であった。ときに二十七歳。

小野組の「別家」を興す

もっとも、すでに生糸の買い付けは鴻池屋でやっていた。

市兵衛は江戸と上方の生糸の値段の差額を、周囲の人々より早く知る方法を考えつき、同時に自分の小遣いをふやすようなこともやっていた。独立が念頭にあったのだろう。

文久二年（一八六二）、養父の太郎左衛門が中気で倒れ、ここから市兵衛が一人で買い付けを行うことになる。井筒屋の本店も、この古河家の養子の言動を注意深く見守っていた。

この男ならまかせられる、と井筒屋も判断して、奥州の買い付けを市兵衛に一任した。

彼は一躍、井筒屋の買付主任の立場にたった。ときに、三十一歳。

幕末、開国政策に転じた幕府は、欧米列強と修好通商条約を結んだが、治外法権、関税自主の喪失など、条約は何処の国とも不平等なものであり、砲艦外交（ガンボート・デモクラシー）であったために準備が整わず、海外貿易が始まると日本国内の物価が凄まじい勢いで上昇した。

なかでも最大の輸出品目である生糸は、天井しらずの高値となり、その分、尊王攘夷派の志士にとっては、生糸を扱う井筒屋は日本国における獅子心中の虫と嫌われた。

「奸商（かんしょう）、天誅（てんちゅう）！」

度々、物騒な目にあった井筒屋では、おもてむき生糸から撤退して両替商に専念しているように装い、その実は市兵衛に白羽の矢を立て、ひそかに生糸輸出をやらせて利益をあげるという、実に姑息な手段を講じる。

考えてみれば、市兵衛の商いは本質において、義理の伯父がやっていた高利貸しの取り立ての頃と、かわっていない。商いの筋目（エリート）ではない市兵衛は、常に体をはって自らの立場を主張しなければならなかった。

どうにか明治を迎えることのできた市兵衛は、義父の死を見送り、井筒屋こと小野組の分家——すなわち、暖簾分けをうけて「別家」の立場となった。

評価され、引きつづき生糸にかかわった市兵衛は、明治四年（一八七一）には品質の改良を求めて、すでに前橋藩（十七万石）で実績のあったスイス人技師ミューレルを雇い入れ、東京築地に六十人繰りの、民間初の製糸工場を開業するにいたった（のちに、信州へ移転）。

また、岡田平蔵という「豪胆機略を以って鳴った商人」を通じて、鉱山業の商いにも進出している。もともとこの岡田は生糸商人であり、幕末の戊辰戦争の最中に、奥州まで生糸を買い付けにいったという、大胆不敵な人物であった。それが明治五年には、秋田県の阿仁・院内・尾去沢などの鉱山経営を計画するようになり、その資金を豪商・小野組にあおいだのである。市兵衛は小野組を代表して現地に赴き、事業は共同で開始された。

市兵衛が、一から鉱山経営の何たるかを体得したのは、このときが端緒であった。

明治七年、頼りにしていた岡田が亡くなると、すでに十三鉱山にふえていた小野組の経営は、ことごとく市兵衛にまかされることになった。もともと金融と生糸を専らとしてきた小野組では、新規参入の鉱山経営のできる人材が、市兵衛の他にはいなかったのだ。

鉱山経営はこの先、明治日本の経済における原動力となる。

このままいけば市兵衛は〝三井〟の三野村利左衛門と同様に、小野組の大番頭として後世に名前を残したに相違ない。が、そうはならなかった。小野組は倒産し、馬鹿正直に担保を明らかにした市兵衛は、己れ個人の財産まで、取りあげられて無一文となってしまう。

市兵衛は己れの無学を、誰よりもよく知っていた。算筆も駄目、年齢も四十代半ばときている。これでは雇い入れてくれる者はあるまい。ましてや、倒産した会社の重役である。ならば自分で独立して、身を立てる以外にない、と彼は考えたようだ。

「夢にまで思い悩んだ――」

との述懐もあるが、市兵衛がこれまで体で学んだ商いは、生糸と鉱山の二つ――当初、彼は双方を同じような比重でやることにした。されど、市兵衛は無一文である。

無鉄砲な経営

幸い、正直に小野組の倒産に対処したことから、市兵衛は唯一、渋沢の信頼を得た。これは大きかった。渋沢は第一国立銀行の恩人ともいうべき市兵衛を大切に扱い、お金を融資し、政府に没収された小野組稼行（かこう）の鉱山を、小野組の債権者に払い下げ、その経営をひきうける形で市兵衛を世に戻し、彼に次々と鉱山の経営をまかせた。

のちに〝銅山王〟と呼ばれることになる市兵衛だが、当初は鉱山より生糸の方が商いの主力であったのだが、「生絲（ママ）相場乱高下の為め、翁は不覚の痛手を負ひ」鉱山経営へ。

もっとも、鉱山の方もことごとくが成功した、というのは結果論でしかなかった。

専門の学問を積んでいない市兵衛は、とかく直感をたよりにする大雑把な感覚で、鉱山を次から次へと買っていったが、なかには大きくはずれて、いくら掘っても何も出てこない、そんな山も少なくなかったのである。そのあたりのことを、渋沢が証言している。

> 何でも草倉（現・新潟県東蒲原郡阿賀町鹿瀬）で成功して間も無い頃であったが、土州の島本仲道といふ人から、谷花（現・阿賀町谷沢）といふ銀山を買入れたことがある。その時も銀行に融通を頼んで来たが、私はその契約は危険だから思ひ止っては如何かと、懇々諫めたが（翁＝市兵衛は）聞き入れぬ。結局五万円ばかり融通したが、この銀山は全く見込外れで大損をした。依て私は、「それ見たことか、云はないことではない、あんな事をしては困るではないか。」と半分小言交りに意見を云った処が、翁は一向平気なもので、
> 「それは貴君が違ふ、河童は川で死ねといふ事がある、鉱山を専業とする以上、五万円（現在の貨幣価値で十億円）が十万円でも二十万円でも損をしても宜いではないか。その位の考へでなくては、大きな仕事は出来ませぬ。五万円損をしたから怪しからぬと云ふのは、鉱山で志を成さうとする者に対して、余り小言が酷すぎる」

「成る程私が云ひ過ぎたか知れぬが、少し気を附けて貰ひたい。」
「気は附けるが、損をしたのが不可ないと云ふのは、叱る方が無理だ。」
万事がこの調子であった。（渋沢栄一談「市兵衛翁を憶ふ」・同上所収）

よくいえば勇往邁進、しかし、人の忠告を決して聞かない。気が気でない渋沢は、〝古河〟の各鉱山の所長があつまった機会を利用して、次のように懇願したという。

「市兵衛さんにはなるべく、事業を勧めないようにしてくれ」

この無鉄砲な、市兵衛の経営を止めることができなかった理由の一つに、彼には実子がなく、家族運にあまりめぐまれなかったことがあげられるかもしれない。

小野組時代に知り合った陸奥宗光（明治四年に神奈川県令、翌年に租税権頭兼任、明治六年大蔵省少輔となったが、疑獄事件にまき込まれて、禁獄五年の判決を受ける）の二男・潤吉を、市兵衛は養子としていたが、私生活に充実感のもてなかった市兵衛は、鉱山事業そのものを趣味のように、己れの生命の如く公言してはばからなかった。

「自分はこのうえとも、自分の資力の許す限り、生命のつづく限り、飽くまでもこの事業を拡張するつもりである。この事業のためならば、内地ばかりでなく、外国までも手を伸ばして見たい、と考えを持っている」

そして明治十年（一八七七）、市兵衛はのちの〝古河〟の事業中核をなす、栃木県の足尾銅山の買収を決断した。そもそもは、旧中村藩主・相馬家との共同経営で稼行を開始したもの。ただ当初は、廃鉱同然の印象を持たれていた山で、世間はひややかに、

「どうしてあんな山を引き受けたのか、失敗は目に見えているではないか」

とみなしていた。

確かに、坑道を深く掘り進む作業も、山の坑夫たちの古い因習も、市兵衛にとってはことごとく困難の障壁であったが、この人物はこれまでの人生もそうであったように、決して〝逃げない〟、へこたれない――筆者は人間の度量をはかる基準（バロメーター）は、逆境における忍耐力の強さ、我慢の長さにある、と以前から思ってきた。

晩年の栄光と挫折、そして再生

明治十四年（一八八一）、鷹（たか）の巣の鉱脈が発見され、足尾銅山の産生量はそれまでの倍増となった。三年後、横間歩（よこまぶ）の大鉱脈を掘り当てている。市兵衛は鉱山の機械化、近代化

にも徹底したこだわりをみせ、まぎれもなく日本の〝鉱山王〟となった。

足尾銅山は明治十年に四十六トンの年産銅量であったが、十一年後には三千七百八十三トンに達し、この明治二十一年にはイギリスのジャーディン・マセソン商会と一万九千トンの輸出契約を締結できるまでとなっている。

同じ明治二十年代、足尾銅山の産銅量は日本全体の三分の一に及んだ。

ひたすら一本槍を突くように、攻めて攻めて攻め抜いてきた市兵衛の経営方針が、期せずして鉱毒問題を引き起こしたのは、明治二十三年のことであった。

この年、大洪水が足尾銅山を流れる渡良瀬川の堤防決壊を誘発。翌年、凶作になった周辺の村々は、その原因を足尾銅山の鉱毒に求めた。

翌年、栃木県選出の衆議院議員・田中正造が第二回帝国議会でこの件をとりあげ、さらには彼が明治三十四年十二月、東京の日比谷で、帝国議会開院式の帰途にあった明治天皇へ、直訴するに及び、鉱毒問題は全国的に知られることになる。

政府からはくり返し、〝古河〟に対して予防工事の命令が出された。

市兵衛はその命令を遵守し、計画を練ったが、なにしろ日本では類を見ない大規模な渡良瀬川の治水工事である。ようやく実施されたのは、明治四十三年から大正十四年（一九二五）にかけてであった。遅きに失した、と世間は激怒した。

ところが肝心の市兵衛が、その途中でまいってしまう。根は、正直一途の男である。己れの為出かした問題の大きさ、〝公害〟がよほど堪えたようだ。市兵衛は胃潰瘍に倒れ、工事の始まる前の明治三十六年に、この世を去ってしまう。享年は七十二である。

無理もない。市兵衛にとって鉱山経営は、自ら公言してきた如く、人生のすべてであった。数多い〝古河〟自営の鉱山に、彼自身、巡回視察をすることは歳とともに少なくなったものの、市兵衛は各鉱山の細部までを、実に正確に記憶しており、勉強もつづけていた。彼は手紙で各々の山の鉱山所長とも、綿密な連絡をとりあっている。

とにかく、鉱山経営が好きで好きでしかたなく、このうえもなく彼には楽しいものであったのだ。それが国家国民に、多大な迷惑をかけてしまった……。

天罰ではあるまいが、己れの才覚一つで決断してきた市兵衛の流儀は、決してほかの誰にも真似することはできなかった。

後継した養子の潤吉は、明治三十八年、主力の鉱山業に加え製煉用のコークスの製造、銅の電気分銅、銅線製造などの鉱山関連分野にも進出し、古河鉱業会社を設立。個人の事業から会社組織へと、〝古河〟の改革・整備を行っている。

同社は明治四十四年十一月に、古河合同会社と改称し、貿易業にも手を出したが、かつての小野組を彷彿とさせる急激な事業拡張により、コンツェルン組織へ改組。鉱業部門の分離で古河鉱業株式会社が誕生し、やがて古河電気工業となり、銅の生産では有力五社の一角を占め、古河財閥の主要な産業基盤となった。

大正六年（一九一七）に東京古河銀行を設立（同十一年に古河銀行と改称）、〝古河〟は三井・三菱・住友・安田に次ぐ財閥の仲間入りを果たした。が、〝古河〟はほかの財閥とは異なり、鉱山・重工業を主軸とする「産業財閥」とも呼ばれ、第一次大戦後に古河商事が大豆・豆粕取引で巨額の損失を出し、貿易業から撤退したこともあって、昭和六年（一九三一）には古河銀行も閉鎖となっている。

それでも〝古河〟には、日本を代表する企業がいくつも育っていた。

直系の古河電気工業、系列企業の富士電機製造（現・富士電機）、横浜護謨製造（現・横浜ゴム）、日本軽金属、富士通信機製造（現・富士通）などである。

おそらく市兵衛は草葉の陰で、

「運・鈍・根、それで十分じゃ」

と納得していたように思われる。

第二章

危機管理力

人心収攬の能力で時代を乗り切り〝三井〟を立て直した

三野村利左衛門

危機は唐突にやってくる

〝コロナ禍〟は唐突に、私たちの日常を遮った。多くの人々は茫然自失の態（ありさま）となり、この未曾有の危機に、ただ立ちつくしてしまう。無理はない。

しかし、歴史を俯瞰（高い場所から見おろすように）した場合、このような苦悩の経験は、起業家や経営者にとっては別段、珍しいものではなかった。

たとえば、江戸期の豪商三井家――。

幕末明治を乗り越え、三井財閥が誕生したことは世に知られているが、その母体・三井家が幕末、多くの豪商と共に弊え去る危機に瀕したことは、あまり知られていない。〝三井〟のみならず、天下の豪商が等しく、徳川幕府に求められた理不尽(無理無体に物事をすること)な、御用金の要求は実に凄まじい威力をもって、〝三井〟を滅亡の淵に追いつめたのである。

三井家は創業者ともいうべき三井高利が、「越後屋呉服店」を開業すると、「呉服物現金安値、掛け値なし」を謳い文句に、正札商法で成功し、ついで本両替商をはじめて大きくなったもの。

幕府の「金銀為替御用」を請け負った〝三井〟は、幕府の権威・権力を背景とした御用商人として、さらなる発展をとげた。御用為替、本両替、そのほか貸付けに加えて、以前からの越後屋呉服店の収益も大きかった。

おかげで〝三井〟はいつしか、日本でも名だたる豪商となったのだが、幕末期、まさかの幕政がゆらぎはじめると、諸事万端、これまでの長所がまるで牙を剝くように短所と化し、〝三井〟を貶めて行く。

天保の改革の失敗、ロシア船の日本近海出没、そしてペリーの黒船来航――云々。

庶民の生活は浮足立ち、人々の不安はいやがうえにも駆り立てられ、世上の落ち着きのなさが越後屋の売り上げに大きく響き、いつしか客足も遠のいていった。

高利貸しと金銀の交換手数料で成り立つ、幕府や諸藩を相手の本両替も、利率の漸減、手数料の取り幅が狭められて先細りとなり、かわって不良債権はふくらんでいく。

もともと米経済をとってきた幕府の方針が、銭経済に覆され、幕府も諸藩も台所は火の車となり、事実上の財政破綻に及んでいたからだ。

にもかかわらず、幕府は抜本的な財政改革を断行することなく、ありきたりの質素倹約で糊塗（その場しのぎ）し、その一方で幕府は豪商に、御用金を求めた。

〝三井〟の場合、天保九年（一八三八）に一万二千両を求められ、いわれるままに支出したところ、五年後にも一万両を、嘉永七年（一八五四）には二十万両、同年ふたたび五千両と、幕府の際限のない無心がつづいた。〝三井〟は幕府の打ち出の小づちではない。

利益あればこそその献金であったが、売り上げは頭打ちしていた。

さしもの豪商〝三井〟も、ついには堪えかねる。嘉永七年の御用金については、十年賦分割を申し出、幕府はこれを許している。

けれども、幕府の献金無心はいっこうにやまない。そればかりか元治元年（一八六四）には、百万両という途方もない巨額を求めてくるありさま。それでも〝三井〟は、あまねく周旋してこの理不尽な要求に、なおも応えた。が、舌の根が乾かぬ翌慶応元年（一八六五）に、またしても一万両が申しつけられるありさま。

「とりあえず、三百両を……」

と応接せざるを得なくなったにもかかわらず、慶応二年、幕府はふたたび理不尽にも百五十万両を要求し、このおりには便乗するように、〝御三家〟の一（いっ）・紀州藩までが二万両の御用金を課してくる。

ついに、〝三井〟は絶体絶命、二進（にっち）も三進（さっち）もいかなくなった。コロナ禍の比ではあるまい。

この唐突の局面で〝三井〟の救世主として登場したのが、三野村利左衛門（みのむらりざえもん）であった。

彼は幕末から明治初頭にかけての、動乱期の〝三井〟を一人で支え、主家の危機を幾度も救い、三井財閥の基礎をほぼ独力で築くことになる。

が、その前半生はほとんどが謎に包まれたままであった。

謎多き前半生で身につけた、生命を賭す生き方

三野村の出生地については、信濃（現・長野県）と出羽鶴岡（現・山形県鶴岡市）の二説があり、生年も一応は文政四年（一八二一）とされているが、必ずしも定かではない。

幼少年期の風景にいたっては、杳として知れず、名にしても江戸に出てから名乗る「利八」が、もともとであったものかどうか。

一説には、はじめは伊丹（現・兵庫県伊丹市）の酒造家に雇われ、天保十年（一八三九）、放浪していた先の北陸路から江戸に入って、深川の干鰯問屋・丸屋に住み込みの奉公をしたという。そして、その真面目なつとめぶりが認められ、丸屋の縁つづきの金座・後藤家の口利きで、駿河台の旗本・小栗忠高のもとで雇い仲間になった。

この小栗家の嗣子こそが、幕末ぎりぎりの段階で、幕府の勘定奉行として辣腕をふるい、幕政改革に大鉈を振るって、自ら歩兵奉行を兼任。幕府主戦派の巨頭として一大勢力を成した、小栗上野介忠順であったという。彼は恭順派となる勝海舟の、政敵でもあった。

三野村は小栗忠順より六歳の年長で、つぎのような関係にあったという。

「当時はまだ十代で部屋住みの忠順は、身軽な立場であり、年齢も比較的近くて、それだ

けに〝主従〟の垣根も割合気軽に超越して、両者に共通したと見られる旺盛な知識欲が、二人の対話の機会を多くさせ、共感を高めたであろうことが想像できる」（三野村清一郎著『三野村利左衛門伝』）

ついで三野村は、小栗家の雇い仲間から神田三河町（現・東京都千代田区）で砂糖や油を商っていた、紀ノ国屋・美野川利八に見込まれ、二十五歳のおりに彼の娘なかの婿養子となった。このおり「利八」を襲名したというから、それ以前の名があったに違いないが、先述のごとく詳らかではない。

紀ノ国屋利八となった経緯には、小栗忠順の推挙があったとする説もある。

いずれにしても、このあたりまで、のちの三野村利左衛門については、五里霧中といっていい。ただ、彼の〝心象〟の輪郭だけは推測しうる。

まず、「利八」は尋常の幼少年期をおくっていなかったであろうことと、何ひとつ頼るべきもののないまま、彼は世の中に放り出され、放浪したことも含めて、世の辛酸は嘗めつくしたはずであるということ。それはまた一方で、もだえ苦しみながらも、生き抜くための知恵を全身で自得したことを物語っていた。

己れという人間を認められたいがために、「利八」は江戸に出てから、涙ぐましいばかりの誠意と奉公ぶりを示しつづけている。また、周囲の人たちが向ける悪口や蔑視の眼、告げ口といったものを、生涯、気にかけなかったのも同断であった。

いつも陽気に明るく振る舞いつつ、他人の好みや顔色を機敏に洞察する能力、みごとなまでの人心収攬（しゅうらん）など、その卓抜したあしらいの奥にあるものは、すべて彼が謎につつまれた時代に身につけた、潜在的意識の集大成ともいえるものであったろう。

もっとも、人の心を攬（と）り、あるいは懐柔し、吸収していくことは、傍（はた）でみているほど楽ではない。目標達成のためには、〝伸るか、反るか〟の大勝負、いい換えればときとして、生命（いのち）懸（が）けにならねばならない場合もあったに違いなかったからだ。

「人間、所詮は人事を尽くして天命をまつしかない。それで駄目なら、それまでよ」

捨て身で生きた人間の強靭（きょうじん）さが、「利八」を世に出すことになる。

三野村こと紀ノ国屋利八は、妻がこしらえる「金平糖（こんぺいとう）」（菓子の名）を売る行商に精出して、細々と小銭を蓄えると、それを元手に株を入手して両替商を営んだ。

いうところの「脇両替」で、小規模の〝銭屋〟ではあったが、旧主君筋ともいえる小栗家に出入りしていたために、小栗忠順の勘定奉行就任によって、思わぬ〝好運〟にめぐりあうことになる。

ある一日、利八は、欧米列強との貿易上、天保小判一両を万延小判三両一分二朱と換価する旨の布令が、近く発せられるとの話を、小栗家で耳にした。

「天保小判を買い集めれば、それだけでは三倍強となる」

利八はあるだけの資金で天保小判を購入し、資金が底をつくと買い集めた天保小判を、葭町の「よし屋両替店」に担保として入れ、さらに借り入れた資金で買い足しを行った。

利八はそうして集めた天保小判を、大店の三井両替店に持ち込んだのである。

よし屋の主人の林留右衛門が、〝三井〟の手代であった縁を頼ったという。このとき、利八の応待に出たのが、筆頭番頭の斎藤専蔵であった。

さすがは、〝三井〟の大番頭――一目みて利八の才覚に、この人物ならば、と藁をも縋るつもりで、〝三井〟の危急存亡の秋を話して、助けを乞うた。

利八はここが、己れの人生の正念場だ、と捉えられる勘を持っていた。旧縁をたよって、彼は小栗忠順のもとへ走った。話が少し、利八の頼った人物に逸れる。

幕臣・小栗忠順の凄味

先に、小栗を勝海舟の政敵と述べたが、それは見方を変えると、幕閣がときに一方を便宜使いにし、独走しようとするとひっこめて、他方を使う――そういう形で二人をシーソーゲームのように競わせ、気がつけば政敵にしてしまった、と解釈した方が史実には近いかもしれない。

たとえば、海舟が十三代将軍・徳川家茂に、神戸海軍操練所の設立許可を直々にもらった文久三年（一八六三）四月二十三日、この海舟にとって最も喜ばしい当日に、幕府の枢機（重要な政務）たる勘定奉行兼歩兵奉行の地位にあった小栗は罷免されている。

そうかと思うと、元治元年（一八六四）十一月十日、海舟が軍艦奉行を罷免となった日、小栗が上申していた横須賀製鉄所の建設が、正式に幕府の認可を得ていた。

いずれにせよ幕閣には、海舟と小栗を同時に使いこなせる上司、人物がいなかったということであろう。

「日本にも、製鉄所を造らねばならない」

幕府の中で明確に言い切った小栗は、海舟より以上に、欧米列強を理解していたといえるかもしれない。いまだに、イメージ先行で誤認している方が多いようだが、「産業革命」がはじまった一七七〇年代、機械の発明と使用による生産方法の革新が起きたのは、紡績と織布の二つ――産業全体からみれば、繊維工業という一部門にすぎなかった。

動力機関といっても、わずかに蒸気機関が現れていたにすぎない。

一般の人々がイメージに持つ、〝産業革命〟――産業分野全体の機械化は、十九世紀後半に入ってからのことであった。この本格化の時代を迎えるための前提条件は、機械製造の資材となる鉄――これを安価で大量に供給できる仕組(システム)みが確立することに尽きた。

――その最大要点を、小栗は日本人の中で誰よりも早くに理解していた形跡があった。

彼は渺茫(びょうぼう)とした西洋文明を、蘭学者の手を借りて、形あるものから理解し、そのうえで具体的な事物を一つ一つ積み上げて学習していく。一般によく、

「直参旗本は、だらしがない。〝いざ鎌倉〟の秋(とき)に、何の役にも立たなかったではないか」

といった批判を耳にする。

幕末の情けない有様をあてこすってのものだが、これは彼ら徳川家に禄を食(は)む者たちにとっては、そもそも無理難題というものであったろう。

なにぶんにも、徳川家康の開いた幕藩体制の中にあって、最大の主題(テーマ)は日々の、〝無事

泰平〟にあった。極論すれば何もせず、ただ家代々の家禄を次代へ滞りなく引き継がせることにのみ注意するよう、旗本たちは教育されて育った、といっても過言ではない。

当然、事なかれ主義の蔓延した家風が、その根幹にできあがる。「有能な者は、かえってあぶない」との論評すら、世に広がっていた。なぜか、なまじ優秀な人物が現れたりすると、政敵に狙われ、その活躍の反動で減俸か、悪くすればお家断絶の事態が起きぬともかぎらない、と彼ら〝直参〟たちは考えたようだ。

こうした守成一念の姿勢を、二百五十年もつづけていれば、その中から覇気があり、〝気骨ある侍〟が、どうして生まれてくることができようか。

確かに、幕末の動乱期、〝直参〟＝幕臣から勝海舟が出たが、彼の曽祖父は越後の盲人の按摩であった。海舟の後輩で、明治政府でも活躍した榎本武揚も、父は町人から幕臣に直っている。この二人のみならず、別項の渋沢栄一も、〝日本郵便の父〟といわれた前島密、新撰組の土方歳三も、維新時の幕臣身分の多くは、外部からの流入組であった。それゆえに彼ら〝新参〟は、幕府や武士に強烈な理想や美意識をもつことができたわけだ。

――ところがひとり、小栗忠順だけは違っていた。

彼の先祖は戦国屈強の〝三河武士〟であり、十二代つづいた文政十年（一八二七）六月二十二日に小栗は生まれている。屋敷は神田駿河台で、禄高は代々の二千五百石を継承。（のち二千七百石に加増）幼少の頃、疱瘡にかかって、生命はとりとめたものの、あばた面になったという。

父の忠高は養子ではあったが、嘉永七年（一八五四）には新潟奉行をつとめた秀才で、母の邦子は家付きの娘ながら、子供の教育には大らかな女性であったようだ。

むしろ小栗忠順本人が、進んで〝文武〟の修行を志した形跡がある。

幼くして漢学の手ほどきを安積艮斎に受け、小栗は蘭学にも関心を示した。また、彼は自ら率先して、剣術を直心影流、ほかに柔術・砲術も修め、父の死去にともなって、家督を相続している。安政二年（一八五五）、二十九歳のときである。

小栗の幕閣における受けはよく、「使番」として認められ、ときの大老・井伊掃部頭直弼の抜擢を受ける。「目付」として遣米使節団に加わった彼は、日米修好通商条約の批准書（条約に対する国家の確認・同意を示す文書）交換を采配せよ、と大命を受ける。

おそらく井伊は、小栗の中に〝三河武士〟の伝統、気質を見出したに違いなかった。

「一行中、最も敏腕で最も実際的な人物」とアメリカ人に映った三十二歳の小栗は、

「骨相学上では、優れた知的頭脳の人であった。少し疱瘡のある彼の顔は、智力と聡明で

輝いていた」（『米人の見たる万延日本使節』）

小栗は純粋の〝三河武士〟でありながら、その一方で渡米以前に海外の事情を専門家に学び、オランダ語も西周（にしあまね）について習得する努力を払っていた。

「馬鹿二朱」と欧米列強の不義

ワシントンへ赴いた一行は、ホワイト・ハウスのイースト・ルームで、ときのブキャナン大統領と会見、「日米修好通商条約」の批准を行った。

蛇足ながら、日本人一行が去ってのち、ブキャナンは大統領選挙に敗れ、アブラハム・リンカーンが第十六代大統領となる。南北戦争がすぐ、そこまで迫っていたのである。

それはさておき、その後、フィラデルフィアに到（いた）った忠順は、一両小判にドル金貨の交換比率を確かめる交渉を独断で行っている。為替レートの交渉――内外の金銀比価の相違により、思いがけず膨大な金貨が海外に流出した。もしこれを放置したならば、幕末、日本経済は完全に破綻し、明治は暗闇となっていたであろう。

幕府は対策として、新貨幣の鋳造を断行した。小判は安政小判（正字小判金）、一分判（いちぶばん）（安政一分金＝正字一分金とも）、銀は二朱銀（新二朱銀＝大形二朱銀）を新たに登場させた。天保小判の量目が、三匁（もんめ）であったのに対して、安政小判は二・四匁、天保一分金は〇・七五匁。これに対して安政一分金は〇・六一匁と、約二割方、量目を減らしたわけだ（新二朱銀は三・六〇匁）。新二朱銀の銀量は、米ドル銀貨の二分の一、これ二枚でドル銀貨一枚とを交換することとした。前述の利八が儲けたやつだ。

これらは今日からみても、きわめて合理的な措置であった。金銀の国際比価も、以前よりは大いに改善されている。「安政六年（一八五九）六月一日より流通させたい」と、幕府は欧米列強に通告した。

ところが、これを聞いたアメリカ公使のハリスが激怒し、イギリス総領事のオールコックとともに、幕府を条約違反と攻撃。ほかの仏露蘭三ヵ国も荷担して幕府を攻めつけ、途方に暮れた幕府は、なんとこれらの新貨をことごとく回収してしまった。

わずかに、十二日間の流通であったという。そのため新二朱銀は、「馬鹿二朱」と世間で物笑いにされる。

しかし、考えてみればこれほどの乱暴狼藉もあるまい。筆者は欧米列強の不義、強圧、いかさまぶりを憤らずにはいられない。

このことを許せぬこと、とみていた小栗は、まずサンフランシスコに到着した直後に造幣局を視察している。批准書交換をはさんで、彼はフィラデルフィアに行き、一両小判とドル金貨の交換比率を定める交渉と実験を行ったわけだ。そもそも使節団は、幕府からそのような交渉を命じられてはいなかった。にもかかわらず、

「すべての責任はそれがしが負う」

と忠順は断行した。

アメリカ人たちは、日本人が用いた〝天秤(てんびん)ばかり〟や「アバカス」（算盤(ソロバン)）を珍しがり、当初、その珍奇さに目を奪われたが、造幣局で行われた合同実験――各々の通貨に、どれほどの金が含有されているかを明らかにする――で、彼らは度胆を抜かれることになる。

日本の使節団の方が、正確に速い答えを出したのだ。

「オグロ(ママ)・ブンゴ・ノカミは、すべてのことを見通していた」

実験の結果、合衆国造幣局長ジェイムス・ロス・スノーデンは、新為替レートが日米間において、この先、締結されるだろう、とのスピーチを行っている。

小栗の名声はアメリカにおいて、大いにあがった。

「さすがは、井伊大老が引き立てただけの人物である」

との噂(うわさ)もしきりであった。けれどもその井伊は、〝桜田門外の変〟で横死してしまう。

後見人を失った小栗ではあったが、彼は帰国後、万延元年(一八六〇)九月、ついに外国奉行として、幕閣の一角を占めた。その後、幕府の権力を握った小栗が懸命に挑んだのが、欧米列強に負けない軍艦を日本人の手で造るための、一大造船所の建設と、その裏づけとなる財政を確立するための貿易商社の創設であった。

「どうにかなるだろう」が国を滅ぼす

文久元年(一八六一)七月、外国奉行を罷免された小栗は、翌年六月、勘定奉行勝手方となり、八月に一度、町奉行に転じたものの、十二月には勘定奉行に復している。歩兵奉行も兼ねた。翌年四月に勘定奉行を辞職し、七月に陸軍奉行並となるも二ヵ月で辞職。元治元年(一八六四)八月には再び勘定奉行、十二月には軍艦奉行に転じている。

明治維新の二年前＝慶応二年(一八六六)の八月には、勘定奉行兼海軍奉行という、幕閣最高実力者となった(ほどなく、陸軍もその支配下に入る)。

この間、幕府は瓦解へ向かってひた走っている観がぬぐえなかった。小栗はいう。

「一言を以て国を亡ぼすべきものありや。どうかなろうと云ふ一言、これなり」

なんとかなるのではないか、という根拠のない安心感、あるいは見て見ぬふりの事なかれ主義、彌縫策――これらに終始する幕閣の大勢を向こうにまわして、小栗は幕府権力の回復・拡張に躍起となった。〝三井〟を苦しめた御用金も、そのために使われている。

「海防」のための軍事力と経済力を手に入れるためには、「大君のモナルキ」＝フランスにならった郡県制度を布き、無能で使いものにならない幕臣には兵賦を金納に改めさせ、役料・役扶持を廃止する。役金支給への大鉈をふるう一方、近代陸海軍の強化のため、フランスとの提唱を一挙に促進したのが小栗であった。

その彼が設えたのが、日本には存在しなかった一大製鉄・造船所の建設であった。

より詳細を述べれば、長崎に製鉄・造船所はあったものの、ここでは洋式船の修理はできても、大型船の建造は不可能であった。小栗は当初から、フランスが世界に誇るトゥーロンのような製鉄（造船）所を、いきなり日本に創ろうとした。

無論、膨大な費用が必要であった。が、幕府にはその金がない。御用金でも賄えない。

小栗を毛嫌いする人々の中には、彼はフランスからの巨額な借款を実現するため、日本の領土の一部（たとえば、蝦夷地＝北海道）を担保に差し入れる企てをしていた、とまことしやかに誹る人がいる。しかし、そこは小栗である。植民地化を避けるにはどう借金すればよいか、を開明派の幕府官僚に調べさせ、フランスに片寄らない、イギリスの銀行からの借入もバランスよくとって、借款を実現すべく努力していた。

新任フランス公使レオン・ロッシュは、幕府への食い込み、列強中の主導権を狙って、小栗の構想した壮大な製鉄（造船）所建設に協力することを申し出ている。

もっとも、幕府を取り巻く情勢は、刻一刻と悪化していた。莫大な費用を投じて製鉄（造船）所を創っても、はたして完成したとき、幕府が安泰でいられるかどうか。

小栗は、部下の栗本鋤雲（別号匏庵）にいったという。

「たとえ幕府が滅び、そっくり熨斗をつけて、新しい持主に渡すことになったとしても、なお……、〝土蔵つき売家〟という栄誉は残せるでしょう」（『匏庵遺稿』）

栗本はなんともいえない感動を覚えた、と証言している（栗本は小栗より五歳年上）。

――幕府がもう長くはない、ということを小栗は理解していたのだ。

けれども、幕臣であるかぎりは、幕臣としての使命を果たすべきだ、と彼は考えていた。

〝土蔵つき売家〟＝東洋最大の、横須賀製鉄所の建設がスタートした。

元治二年（一八六五）正月のことである。この「元治」は四月七日に改元され、「慶応」

となった。建設委員会は、製鉄所の完成を「慶応四年十一月」と予定した。だが、この年号に十一月は存在せず、「慶応」は九月八日に改元されて「明治」となった。

そしてそのとき、忠順はすでにこの世にはいなかったのである。否、元治二年二月の時点で、彼はまたしても免職となっている。五月に勘定奉行に復したが、慶応二年（一八六六）八月に小栗はフランスの経済使節クーレの来日にあわせて、六百万ドルの借款契約を結んでいる。

別項の渋沢栄一の家庭教師をつとめたフリュリ＝エラールに、小栗が宛てた「仏蘭西（フランス）帝陛下の事務執政　フロリヘラルト君へ呈す」の書状が出されたのが、慶応元年八月二十一日のこと。大がかりな幕仏合同による、「コンペニー」（「組合商法」と訳されている商社）が、一方で幕府財政再建のため、積極的に動き始めていたことが知れる。

このまま行けば、幕府主導の明治維新が実現したかもしれない。

ところがフランス本国の情勢が一変し、借款は不可能となってしまう。

そこへ、鳥羽・伏見の戦いが重なった。

この戦いで一敗地にまみれ、江戸に逃げ帰った十五代将軍・徳川慶喜を、小栗は懸命に説得。薩長両藩にまさるフランス式陸軍歩兵と近代海軍をもって、反転攻勢を主張したが、慶喜はついにこれを遮った。どのような悲境にあっても屈せず、あくまでも目的に向かって歩む意志のつよさを小栗は保持していたが、慶喜にはそれがなかったようだ。

謝罪恭順と決した幕府をあとに、慶応四年（一八六八）二月末、失意のまま江戸を離れ、拝領地の上野国群馬郡権田村（現・群馬県高崎市倉渕町権田）に帰農した小栗は、ここでわずかばかりの農兵を編成し、治安維持につとめていたが、同年四月、進行して来た新政府の東山道鎮撫軍によって、無抵抗であったにもかかわらず、養子・又一をはじめ六人の家臣とともに、烏川の河原において斬首に処せられた。小栗はときに、四十二歳。

彼の部下でもあった福地源一郎は、後生、次のように述べている。

小栗が財政外交の要地に立ちし頃は、幕府已に衰亡に瀕し、大勢が方に傾ける際なれば、十百の小栗ありと雖も、亦奈何とも為すべからざる時勢なり。

然れども、小栗は敢えて不可的の詞を吐たる事なく、病いの癒ゆ可からざるを知りて薬せざるは孝子の所為にあらず、国亡び身斃るる迄は公事に鞅掌（精励）するこそ、真の武士なれと云ひて屈せず撓まず、身を艱難の間に置き、幕府の維持を以て進みて己れが負担とせなり。

すくなくも幕末数年間の命脈を繋ぎ得たるは、小栗が与りて力ある所なり。(『幕末政治家』)

捨て身の交渉術

——話を、紀ノ国屋利八時代の三野村利左衛門に戻す。

〝三井〟の危機であった。利八につないでもらった小栗との面会で、〝三井〟は幕府からのそもそもの御用金百五十万両が五十万両に減免となり、さらに十八万両に減じて、それを三ヵ年度分納として、当座の危機を脱する。

それでもこのとき、紀州藩には一万八千両を支出している。

くり返される〝御用金〟の要求で、疲労困憊の〝三井〟であったが、ここにいたってさらに、追い打ちをかけられるように、神奈川の三井横浜店が〝外国奉行所御用金御用達〟として預かっていた官金を、即刻、全額返納するように、との幕府からの通告を受ける。

もしも実行しなければ、全財産を没収するというのだ。

この官金——〝三井〟は当然のごとく浮き貸し(他者に貸す)をしていたが、未熟な手代たちによって、それが十万両近くも焦げついていた。すぐさま全額を返納するなど、できる相談ではなかったろう。

直接の当事者である横浜店と、それを統轄する江戸店では、〝三井〟の京都本店に救いを求めたものの、本店も手詰まりで、とても江戸にまわせる資金の余裕はなかった。

〝三井〟は今度こそ、絶体絶命の窮地、滅亡の淵に立たされたといえる。

八方手をつくしたが、埒（らち）はあかない。いよいよダメか、と絶望する首脳陣の中にあって、ひとり番頭の斎藤専蔵の脳裏に浮かんだのが、紀ノ国屋利八の顔であった。あの男なら、この「死地」を越えてくれるやも知れぬ、と思いいたった。ときに、利八は四十五歳。

しかしながら、利八には以前に被（こうむ）った恩もある。事態はそのおりの比ではない。〝三井〟に彼を迎えて遇（ぐう）する（もてなす）にしても、利八には利八なりの立場があった。

小規模なりとはいえ、独立した商店をかまえる男に、いかに天下の〝三井〟であろうと〝中年奉公〟で来てくれ、では先方が応じるはずもない。

商家では、年齢を経てからの中途採用は、現代でいう契約社員のようなもの。

〝三井〟では江戸店限（かぎ）りといって、京都の「京本店（きょうほんだな）」とは関係なく、出先機関の江戸店での勤務だけと制限がついた。専蔵はすでに利八を知っている、相手が機略に富む人物だけに、このままでは来てもらえまい。

「商売の要訣は適所適材人材の登庸にあり、老朽を淘汰して新進有為の者を用いよ」

とは、三井高平（高利の長男で三井総領家の二代当主）の遺訓の八条である。

さすがにこの点は、〝三井〟であった。否、それほど切羽詰まる（どうにもしかたがなくなる、最後の土壇場）状況にあったともいえた。

人は誰しも、越えられないほどに高い壁を目前にすると、茫然自失して思考回路が止まってしまう。ましてや想定外の、突発事件となれば無理はない。

新型コロナウイルスの感染拡大、世界的大流行も同じであろう。

「死地」脱出には、まずは、制約条件がどれほど厳しいものであっても、その条件下で最善を尽くす、できることを考えるのが第一歩となる。〝三井〟は知恵をしぼった。

利八のために、新設のポスト「通勤支配格」を設け、生え抜きの番頭と同格に位置づけた。また、三井家の〝三〟の字を与え、養家「美野川」の〝野〟の字も入れて、姓を「三野村」、名を「利左衛門」と改めさせている。

この〝三井〟の配慮に、熱血漢の利八改め三野村利左衛門は感激した。

「もはや、生命もいらぬ――」

三野村は死を賭して、幕府の無理難題に立ち向かった。捨て身は、彼の信条である。
まずは再び小栗忠順にかけ合い、その部下である勝手元勘定組頭の小田信太郎に談判し、この小田を説得。彼を通じて改めて小栗にも陳弁につとめた。無論、昔なじみの情にのみ訴えたところで、問題が解決しないことは三野村にも理解できていた。

〝三井〟の失敗は、幕府の無理無体に対抗する代案を用意できなかったところにあった。換言すれば、相手が望んでいることに折り合いをつけること。妥協できる条件を、迅速かつ正確に伝えることである。それは渦中にいる者には、なかなかできない。

外側にいた三野村が、適役であったかもしれない。

彼は決して譲れない根本を、明確にした。御用金の免除、神奈川外国奉行所からの預り金返納の猶予――この二点が実現できねば、〝三井〟は立ち行かない。

逆にいえば、この二点さえ認められれば、当座は持ちこたえられ、二、三年のうちには従前に倍する商いで、これまでにも増して御用金に応じられる（かもしれない）、というもの。幕府から見れば、一方的で虫のいい理屈と聞こえたであろうが、三野村にいわせれば、そもそもは幕府の無法、無理無体からはじまったことである。

彼は別途、〝三井〟が江戸商人に商品担保の市中貸し出し（今でいう中小企業金融）をやることを考案する。むろん、幕府の資金は一銭も使わない。貸し出し金は〝三井〟が請け負う。

際限は十万両。しかし、一度に十万両の貸し出しはあり得ない、と三野村は考えた。例の浮き貸しの、焦げつきの返済がすむまで、〝三井〟が資金の責任を持つのであれば、無理な計画とはいえない。「江戸市中荷物御引当御貸付金」――これは外国人商館の利益独占に頭をなやましていた、小栗にとっても名案であった。

三野村は小栗のもとへ出入りする中で、小栗の経済政策＝幕仏合同による「コンペニー」(「組合商法」＝商社構想)を学んでいたのである。

また、三野村の凄味（すごみ）は、この談判に己れの生命（いのち）を賭け得た点にあった。

これまでの幕府側との折衝で、三野村のように生命懸けで臨んだ豪商はいなかった。〝身を捨ててこそ、浮かぶ瀬もあれ〟である。捨て身になった人間は強いし、恐ろしい。

三野村の鬼気迫る談判、執拗（しつよう）につづけた交渉は、ついに預かり金の返納を沙汰止（や）みとし、御用金は五十万両に減額。なお、そのうちの十八万両を分納したため、残額は免除となった。

商いの四段階と「游々自適」の境地

三野村は〝三井〟の最大の危機を救ったのである。

と同時に、彼はこの時、幕府を心底で見限った。やがて〝三井〟は、海のものとも山のものともわからない新政府に多額の献金をなし、その旗幟を明らかにして、新政府で最大の発言力を持つ豪商の地位を得る。

「歴史は例証による哲学である」

といったのは、紀元前一世紀後半、古代小アジア・ハリカルナッソスの歴史家ディオニュシオス・ハリカルナッソスであったが、三野村の商いの学びをみていくと、中国古典の『礼記』にいう、学問の四段階「蔵・修・息・游」を着実に踏んでいたことが知れる。

江戸に来て、ひたすら小商いを全身で覚え、一生懸命に働いた。すなわち、「蔵」である。

そして小栗忠順に出会い、新しい時代の商いに眼をひらかれながら、商いを大きくしつつ、それを血となし、肉となす消化作業＝「修」をつむ。

商いが身につき、学問をするのがあたり前、呼吸しなければ生きていられない、というのと同様の充実感が、仕事を通じて〝三井〟を動かす原動力となった。「息」である。

最後は「游々自適」（游々として自ら適く）で、ゆったりと、そして広々と流れる黄河――はたからみれば、これほど快適なものもあるまい。「游」である。これに称賛の「自適」がつき、「游々自適」はいつしか「悠々自適」と字を変えた。これは余談。

商いの最初は、「獅子奮迅三昧」の境地――とにかく全身全霊を傾けて仕事を覚え、うさぎ一匹を仕留めるにも全力を尽す。やがて仕事が楽しくてしかたがない進境（上達した境地）を迎え、ついには「遊戯三昧」の高処へ――。

「之れを知る者は、之れを好む者に如かず」（学問も商いでも、それを知っているというだけでは、それを好むというような人の力には及ばない）

「之れを好む者は、之れを楽しむ者に如かず」（何事でも、好むよりはそれを楽しむ者が上である）

商いは一生懸命やる人より、楽しんでやる人の方が一手、上手である（『論語』雍也）。

明治維新を迎えて〝三井〟の首脳陣は、一変した時勢にどう対応すべきかで苦慮したが、三野村はしかるべき交換条件を新政府に提示するよう提案、自ら実行にむけて奔走した。

すなわち、政府の太政官札＝不換紙幣の金札発行を〝三井〟だけに任されたい、という破天荒な注文を突きつけた。通貨の鋳造は本来、国家の仕事である。それを承知で三野村は、薩摩藩士で新政府の事実上の宰相・大久保利通を標的に、かけ合った。

このやり口は幕末のおり、小栗忠順を相手にして学んだものといえる。

決定権のない者、自ら責任のとれない人物を相手にしていては、交渉事は容易にまとまらない、ということを三野村は肝に銘じたようだ。

併せて彼には、昨日今日に誕生した新政府の権威よりも、天下の〝三井〟の信用の方が大きい、との矜持があり、その実力を信じて疑わなかった。

もし、政府が己れの注文を拒絶するなら、〝三井〟をすべての公役から撤退させる、との腹づもりが三野村にはできていた。一か八かの交渉事には、この男のやり方しかなかったように思われる。このとき大切なのは、なにぶんにも三野村には、私心というものがなかった、ということであろう。

個人的な利益や利己的な欲といったものを、彼は一切持たず、ただ、新政府というものへの不信、それに対する信用第一の〝三井〟への、揺るぎない信頼だけがあった。

政府はついに、不可能と思われた三野村の破天荒の要求を容れる。

慶応四年（一八六八）二月二十三日（この年の九月八日に「明治」へ改元）、政府は太政官札の発券を三井組に一任することを決定した。これと前後して、三井組は小野組とともに新政府の会計局御為替方に任じられ、会計事務の一切と公金取り扱いもまかされる。

こうなれば〝三井〟が、明治日本の経済を主導する位置を占めるのは時間の問題といってよかった。明治二年（一八六九）には早くも、〝三井〟における事実上の総帥となっていた三野村は、三井家の家政改革をスタートさせ、四年の歳月を費やして、〝三井〟をそれまでの算盤、前掛けの旧式から、一挙に近代化することに成功している。

「三井家の家産は三井組の有にして、三井家の有に非ず、自今（今から）其分界を明にし、敢て私す可からず」

当然ながら、規則に反すれば三井家の一族であろうとも、容赦なく罰せられた。

三野村は家政改革をすすめつつも、他方で、銀行の設立計画にも参与。維新の荒波をくぐり抜けた豪商・小野組と共に、第一国立銀行（現・みずほ銀行）の設立にあたっては、三井家の当主・三井八郎右衛門高福を頭取に据え、みずからは頭取助勤をつとめた。

この〝三井〟の大番頭の三野村が、意外というべきか、なるほどと受け取るべきか、大切な後継者選びで、まさかの失敗をする。

三野村が渋沢を理解できた理由

歴史の現象は、同じようにくり返すことはない。が、歴史の原理・原則、類型（パターン）は常にくり返されるもののようだ。たとえば、

「政治というものは、あらかじめ政策を立て、それに基づいて着々と事を運んでいくというものではない。政治の実態は突然、事件が勃発して、それにうろたえていろいろ間に合わせる方策を立てていくものである」

といったナポレオン一世の言は、蓋（けだ）し（思うに）経営上の名言であったといえる。

実は、余裕綽々（しゃくしゃく）の三野村が、渋沢栄一を己れの後継者として、〝三井〟にスカウトしようと画策して失敗したことがあった。

明治元年（一八六八）の十二月、フランスのパリから帰国した渋沢は、横浜で大黒屋大六（榎本六兵衛）の番頭から三野村を紹介してもらい、二人は深川（現・東京都江東区周辺）で会っている。これが最初の出会いであったが、三野村はそのときから渋沢に目をつけていたのであろう。

旧幕臣が移り住んだ静岡で、商法会所をはじめた渋沢は、東京に商品の買い付けに行ったおり、三野村に〝三井〟の太政官札を両替してもらい、世話になっている。

三野村はおそらくこの時点で、日本人の誰よりも渋沢の構想が理解できたに違いない。

なぜならば、経済の〝師〟ともいうべき小栗忠順の教えがあったからだ。

通常、〝日本資本主義の父〟は渋沢栄一といわれている。

だが、幕末に小栗はすでにみたように、幕仏「コンペニー」構想を持ち、東洋最大の横須賀製鉄（造船）所を建設していた。

しかも、この製鉄所の就業規則が、日本最初の近代カンパニーの基本となった史実は、あまり知られていない。ここも渋沢が学んだと同じ、フランス式であった。

当時、サン＝シモン主義のフランスは、近代的賃金制度の分野でも、最も進んだ国であり、それに横須賀製鉄所は倣（なら）っていた。ここでは休日＝日曜日が、規定されている。もともと休日の習慣を持たない日本人は、日曜日であろうと働き、フランス人職工（当時は「属工」）たちもそれに押され、小栗からの要請もあって、三分の一は日曜出勤をしたようだ。

ちなみに、日本が日曜日を休日と正式に定めたのは、明治九年のことである。

それにしても、百人の熟練工が横須賀には集められていた。本邦初の近代カンパニーは、彼らをどのように管理（マネジメント）したのであろうか。

まず、専任官を一名置いた。社長といってよい。初代は前述の鋤雲・栗本瀬兵衛（くりもとせべえ）であった。彼はフランス人メルメ・カション（元フランス箱館領事館勤務の宣教師）よりフランス語を学び、〝親仏派〟の中心人物として活躍。幕府瓦解後は一度、東京の小石川に隠棲したが、明治五年に横浜毎日新聞社へ入り、翌年には報知新聞社の主筆に迎えられている。明治三十年に、七十六歳で没していた。

さて、横須賀製鉄所だが、所内は部門を編成区分し、各々の職務分営についても明確化していた。「頭目」（監督者、職長）が選ばれている。「頭目」は工事課長とも呼ばれた。また、船廠（造船所）設立にあたっては、その主任となるべき日本人の幹部職員を「総官」、「会計部長」「倉庫部長」「工夫部長」「通訳部長」と呼んだ。彼らは各々、「書記」と「属僚」を従えたというから、部門の長といってよい。

併せてこれらが、日本語の「課長」「部長」の初出ではあるまいか。

作業は夏期と冬期にわかれ、午前六時半（冬は七時半）スタート。午前十一時より午後一時まで昼食のため休業し、終業は午後五時をもって定められている。清潔整頓、火気注意など、それまでの日本人の職人の世界にはなかった職場倫理が、しっかりと実践・導入され、根を下ろしていった。

昇給、解雇、作業服の支給、残業手当などのこまごまとした取り決めも採用されている。

また、職業訓練学校、フランス語学校、日本で最初の理工科系専門学校も併設された。
加えて、筆者が驚いたのはここ横須賀製鉄所では、洋式簿記が導入されていたことである。しかも一部とはいえ、原価計算が行われていた。

世界の最先端をいっていたイギリスの造船・製鉄の会社でも、間接費の単純な把握から、個々の製品への配賦（割り振り）の計算＝原価計算に進むのが、一八七〇年代であった。

当時の欧米先進国においても、商法の原則は旧態依然。原価を秘密にして、できるかぎり製品を高値で売るというものでしかなかった。原価に合理的利潤を加算する原価加算契約（コスト・プラス・コントラクト）は、極めて新しい考え方であり、こうした近代カンパニーの諸制度・発想は、いやがうえにも日本人に能力主義、実力主義を教え、広めることになっていく。

実は小栗の幕仏「コンペニー」構想は、条約批准でアメリカから帰国した翌年、早々とスタートしていた。大改革には財源がいる。金銀比価で大損した日本は、修好通商条約によってそれ以上の損、貿易における利益をことごとく外国人たちに独占されていた。

開港当初は、商品は産地の問屋から江戸・大坂の問屋へ売られ、それぞれがまとめて開港地の外国人商館へ持ち込んでいた。ところが利に聡（さと）い、〝一発屋〟ともいうべき日本の投機的商人――たとえば「横浜売込商人（うりこみしょうにん）」は、己れ一人の利益のみを当てこみ、産地にわけいって商品を仕入れ、問屋を通さずに直接、開港地の外国人商館へ品物を持ち込み、問屋ルートを通すよりも安く商品を売った。

こうして利益をあげたものの中には、のちの地方財閥を形成した創業者も幾人かいた。

幕末に誕生していた商社

なにやら小栗や渋沢の嘆きが聞こえてきそうだが、外国人商館は悪知恵にかけては、〝一発屋〟の比ではなかった。

彼らははじめ問屋ルートをつぶすためにも、高値でわざと〝一発屋〟の商品を買い取り、商品がより一層大量に集まりはじめると、一転して、一気に買い控えを行った。

そもそも資金のない〝一発屋〟は、たちまち運転資金に窮して立ちゆかなくなる。

結果、その足元を見透かされ、外国人商館の罠(わな)にはまって、商品を投げ売りすることとなる。さらに資金力のない〝一発屋〟に、外国人商館は金を前貸しし、知恵を授けて、産地の生産者から収穫前の物産を、独占的に買い占めるように指示を与えた。

無知蒙昧(もうまい)な〝一発屋〟たちは、わずかなお零(こぼ)れにあずかるために、外国人商館の走狗(そうく)となって、使い走りに専念。まともな商人たちは、この事態に立ち往生してしまう。

明らかなことは、日本商人たちはいつしか自主性を喪失してしまった、ということ。

こうした灰汁どい外国人商館に対抗するには、金融（のちの銀行）の役割をもった日本の商社をつくるしか方法がなかった。

ここで小栗が江戸、大坂の豪商に呼びかけ、各々「会所」を設立して、組織的に外国貿易を管理することを考えた。だが、この「国益会所」の構想は、外国人商館の猛反対により、列強の外交ルートからの圧力に屈した幕閣から、不採用とされてしまう。

しかし、小栗はあきらめない。

「ならば列強のうち、フランスを誘って、幕仏の組合商法（コンペニー）をつくればよい」

この頃、彼は幕府財政と軍事の両方を握っていた。

小栗は徹底してフランスを分析――ベトナムのサイゴン（現・ホーチミン市）を支配下にもつ彼の国が、現地から日本へ派兵できる戦力を海兵二百と割り出した。つまり欧米列強中、フランスはすぐさま日本を植民地化できるだけの実力をもっていない。が、一方でナポレオン三世に率いられたフランスは、ヨーロッパでは陸軍大国である。

このフランスと組んでイギリスを牽制し、貿易管理、税関事務をいま一度整理して、正規の日本の総合商社・海運会社を興そう、と小栗は考えた。この企てに賛同してくれたのが、渋沢に「合本主義」の眼を開かせたフランス人銀行家フリュリ=エラールであった。

慶応二年（一八六六）には、フランス側の代表としてクーレ（フランスの帝国郵船取締役・副支配人）が来日するところまで、借款の話は漕ぎ着け得ていたことは、すでに述べている。

これほどの努力――ひたすら日本の植民地化を阻止しながら、小栗の悲劇性は、常に誤解されてきたところにも如実であった。

クーレとの間に六百万ドル（現在の貨幣価値にして約六百億円）の借款契約を結んだものの、これには「抵当」についての条項がなかった。にもかかわらず、蝦夷地（現・北海道）の開発による収入を「抵当」に入れた、との憶測が流れ、著しく小栗その人を貶めた。

彼は欧米列強の植民地化を防ぐために幕仏合同の「組合商法」を推進したが、借款の交渉にはとりわけ神経を使い、前述した如くイギリスのオリエンタル・バンクも加えて、フランスのソシエラ・ジェネラールとのバランスをとりつつ、借款を交渉している。

ところがイギリスは、オールコックのあとに一時、代理公使をつとめたウィンチェスターが、オランダのフォン・ポルスブルック総領事を誘って、小栗の計画を潰しにかかった。

すでにイギリスは、薩摩藩との間に、しきりに密貿易を繰り広げていた。

もし、幕仏合同の「組合商法」（「コンペニー」）ができれば、自国の利益が損なわれることになる。イギリスはあることないことを、幕閣に吹き込んだ。一番きいたのは、蝦夷地を抵当にする、との作り話であったろう。先の「国益会所」は列強の外圧でつぶされ、「日仏組合商法」もフランス本国の政治情勢の変化から、借款が不可能となってしまった。

それでも小栗はあきらめず、「兵庫商社」の設立にむかっている。株式会社の色彩を、どこよりも濃厚にもつ「コンペニー」である。

慶応三年（一八六七）四月、小栗は兵庫商社の創立を幕府へ建議した。奇しくも、土佐脱藩の坂本龍馬が「亀山社中」を「土佐海援隊」に再編した同じ月である。ただし、「コンペニー」という言葉が、はじめて使用された公文書は、小栗に拠るものであった。

彼の計画は、大坂の豪商から二十人の人物を選び、互いに出資してもらい百万両を作る。二十人には代わりに、幕府から金札百万両の発行を許し、兵庫開港場交易商人の「コンペニー」をつくるというものであった。のちに明治になって渋沢の考えた「銀行」と発想も仕組みも酷似している。財政破綻をきたしていた日本にとっては、幕府であろうが新政府であっても、〝資金〟と名のつくものが枯渇していたことを物語っていた。

だからこそ、フランスに借款しようと小栗は考えたのだが、これはうまくいかなかった。そこで彼は豪商の信用で金札を発行し、これで急場を乗り切ろうと計画したのだが、この手法はそっくりそのまま、明治政府がのちに用いている。

「兵庫商社」は豪商二十名を選び、頭取（三名）以下を定めたところで、結局、頓挫してしまった。大政奉還、王政復古の大号令、そして鳥羽・伏見の戦いとなる。

渋沢に振られた三野村の次の一手

渋沢が大蔵省入りしてからも、三野村は〝三井〟入りを、熱心に誘っている。

第一国立銀行が設立されたおり、専務取締役となった永田甚七（ながたじんしち）の回想によれば、明治六年（一八七三）に三野村が〝三井〟の最高責任者「総理事」をやっていたおり、大蔵省を辞めて野に下った渋沢を、わざわざ訪問したという。

渋沢子爵（大正九年〈一九二〇〉爵位）が民間に下られたのを聞いて子爵を訪問し、「現今民間には貴下（あなた）（渋沢のこと）位の人物は無い。私も三井を隠退する考へで居（い）るから其（そ）の後任に貴下を推薦したいと思ふ。それで今日は御内諾を得ようと思って出掛けて来た次第である」と申された。三野村氏の気持では大三井の総理事であるから、渋沢子爵も喜んで承諾される事と思ったらしいが、子爵は一議に及ばず言下に断られたので、三野村氏も頗る意外に感じたさうである。（『青淵回顧録』）

このおり渋沢は、「たかゞ三井の大番頭位が何んだ、素町人のくせに生意気な事をぬかすといふやうな意気があり〳〵と見えてゐたそうだ」（同右）とあるが、これは穿った（人情の機微を言いあてた）というよりは、当時の一般的な解釈であり、渋沢は自らの「合本主義」をこれから実践しようとしていたタイミングであり、彼にはもともと〝三井〟に入って、この豪商一族を富ませ、自らも金持ちになろう、という発想がなかった。

それにしても三野村は、自らの思い込み——〝三井〟こそすべて——が強すぎたがために、相手を見誤ってしまったことになる。長所は短所であった。

しかし三野村はそのあと、経営に一切容喙することなく、第一国立銀行の経営を渋沢に譲っている。そのことを渋沢は、大いに感謝した。

それでいて三野村は、独自の〝三井〟の銀行の開業にも漕ぎ着けている。

明治九年七月のことであった。しかも、そこは抜け目のない商人（あきんど）――損して得を取るという、商いの極意を実践している。

新政府から払い下げを受けた〝三井〟は、東京海運橋の通商司跡（つうしょうし）（現・東京都中央区日本橋）に、日本初となるバンク＝三井組バンクの洋風五階建て、文明開化を象徴するような三井組ハウスを建設した。すると政府が、これを無理やり譲れ、といい出す。

〝三井〟はしかたなく、十二万八千円で第一国立銀行に売った。が、三野村にいわせれば、建築費は五万八千円であり、残った金で新しい駿河町（現・東京都中央区日本橋室町）の三井バンク＝のちの三井銀行本店を建てることができたという。

「空中楼閣（ろうかく）デ出来タノダ（と三野村は）云ッテ（いって）笑ヒマシタ」「マダ幾千（円）残ッタ位デアリマス」（三野村清一郎著『三野村利左衛門伝』）――さすが、といわねばならない。

ちなみに、明治七年十月、第一国立銀行の一手の株主・小野組が破綻した。

新政府は明治初年より、三井組と小野組、さらに島田組の三豪商に対して、為替方をまかせ、国庫金を無利子担保で運用する便宜を与えていた（111ページ参照）。

ところが明治七年二月に入って、政府の方針が一転する。

預かり金の担保を求めるようになり、さらにはその提出期限を明治七年十二月十五日限りとした。通達が出たのは、十月二十二日になってからのことである。

突然のことに、〝三井〟も小野組同様、存亡を問われるところであったが、幕末の幕府の〝唐突〟な無理難題に鍛えられた三野村は、常日頃から、政府の井上馨（長州藩出身）を取り込んでいた。

余談ながら、井上と〝三井〟の癒着は有名で、政府最大の権威・西郷隆盛（薩摩藩出身）は、井上のことを、岩倉具視をトップとする欧米視察団の送別会において、

「三井の番頭さん、一杯いこう」

と揶揄したほどであった（佐々木高行の日記『保古飛呂比』明治四年十一月十二日の条）。

事前に担保の期限を井上から聞いていた三野村は、それこそ決死の覚悟で担保をかき集めたが、この情報は小野組にも島田組にも、事前にもたらされることはなかったようだ。

彼らはそうしたチャンネルを持たなかったか、前年＝明治六年の征韓論争により、西郷をはじめ、後藤象二郎、板垣退助の土佐藩出身の参議、江藤新平、副島種臣といった肥前佐賀藩出身の参議が、連袂辞職したため、政界とのパイプを失ったものか、己が破局を回避することができなかった。

小野組は一説に、薩摩藩出身の五代友厚を頼っていたともいうが、彼はすでに官を退い

て大阪で事業に専念していた。加えて小野組は、米や生糸の相場、鉱山経営など、手広く商いを広げすぎていた。見方によっては、放漫経営と受けとられても仕方がなかったろう。

古河市兵衛の項でみたように、十一月、小野組は破綻。もう一つの島田組は、翌明治八年二月に倒産した。かつての幕末の〝失敗〟に学んだ、三野村の勝利といえなくもない。

〝三井〟の躍進は軌道に乗った。だが、この時期、当の三野村は胃癌におかされ、病床に伏している。その死が近づいたとき、彼は左右に居並ぶ者を目前に遺言した。

「凡百の事、繁（煩わしい）を省き簡（余分のないこと）を取れ。事用（用事）は立どころに弁じ、重複を煩す勿れ。長幼を論じ礼節に拘わる勿れ。奢侈に耽る勿れ。衣服を飾る勿れ。（相手が）長者と雖も理の在る所には（己れに理がある場合には）屈する勿れ。業を捨てて礼する勿れ。時期を失する勿れ。平常能く断の一字を守れ」（『三野村利左衛門伝』）

明治十年二月二十一日、一代の逸材、〝三井〟の大番頭・三野村利左衛門は眠るようにこの世を去った。享年は五十七であったと（五十四とも）伝えられている。

〝三井〟が揺るぎなき地位を得た間に、かつての好敵手・小野と島田の二家は、時流に順応できずに歴史の表舞台から姿を消した。命運を分けたのは一にかかって、経営にあたった将師の、危機管理能力にあったように思われてならない。

基盤を守って明治の〝住友〟を築いた

広瀬宰平

災難は突如やって来るというが……

企業の興亡を述べてきて、いつも痛切に感じるのは、なぜ、事前の想定、リスクの計算が、その時の経営者にできなかったのか、という点であった。

換算すれば、「逆演算」「仮想演習」の欠如である。

経営者のみならず、何事かを新たに発案、企画、始動させる立場の人は、当然のごとく、時系列に物事を整理して考え、スタートから結果を追いつつ、因果関係に従って起こりうる課題、失敗を順次想定する。これが一般の危機管理だ。

しかしながら、この手法では唐突に起こる、考えもしなかった社会の激変、天災などには対処できない。もともと思考の範疇にない、想定外のことであるからだ。

新型コロナウイルスの発生、世界的拡大がもたらした惨状などは、まさにその最悪な近例であろう。かつてのバブル経済の崩壊、リーマン・ショックもしかりである。

こうした想定外の大きな災難に見舞われたとき、役に立つのが「逆演算」「仮想演習」である。

そんな便利なものがあるのか、と疑われる読者がいるかもしれない。

「愚者は経験に学び、賢者は歴史に学ぶ」といったのは、プロシア（ドイツ）の鉄血宰相ビスマルクであった。

「逆演算」「仮想演習」は通常の時系列の考えとは逆に、たとえば昭和四年（一九二九）にアメリカで発生した、世界恐慌に突然、巻き込まれたとき、日本の企業はこの危機にどのように対処したのか、と歴史（過去）のデータを調べ、史実に学び、具体的にはどのような突発事が起きたか、という事例からフィードバックを受けて、今日を思い浮かべ、その危機を誘発する基本的な原因（原理・原則）を突きとめ、検討する手法である。

ちなみに、歴史学が導き出した想定外最大の共通項は、「油断」であった。

物事は順調にいっているときこそ、実は想定外の難問が発生しているケースが多い、と歴史は語りかけているのだが、人は聞く耳を持たず、自分たちは例外とでも考えるのか、非常事態の起（おこ）りを歴史に学ぶことなく、それでいて想定外の突発的な災難（アクシデント）に遭遇すると、慌てふためいてしまう。

これはスポーツ選手であろうが、企業経営者であっても共通していることだが、頭の中でシミュレーションをくり返し、いくつもの道筋を想定できている人は、実際、事に臨んでもうまくいく可能性が高い。逆にいえば、失敗を未然に防ぐことができる。

「備（そな）えあれば患（うれ）いなし」（中国儒学の古典『書経』「説命（えつめい）篇」）

——これは、歴史学の道理でもあった。

偶発的な出来事、災難（アクシデント）は突然、襲いかかってくる。もし、備えがなければ、その波紋は周囲に広がっていく。事前の予防策がなければ、二次災害は次々と発生し、多くの人々が右往左往すると、正常な対応がそもそもできなくなる。なぜならば、こういう局面では必ずといっていいほど、偶発的な事柄が重なり、状況を一気に悪化させてしまうからだ。

財閥として、〝住友〟と互いに鎬を削った（はげしく争った）〝三井〟は、幕末に幕府によって唐突に、絶体絶命の「死地」に追いつめられた。

同様の仕打ちが〝住友〟の場合は、幕府のみならず、新政府からも齎されることになる。このくり返される窮地を救ったのが広瀬宰平であり、彼は人物の風景として〝三井〟の三野村利左衛門に似ていたかもしれない。

〝住友〟は〝三井〟〝三菱〟〝安田〟などの財閥が、「政商」として商いの規模を拡大したのに比べ、生粋の商人として、投機的な動きを嫌い、別子銅山（現・愛媛県新居浜市）に代表される鉱業による、地道な勤労努力を蓄積して、江戸時代に両替商へ進出、大きくなった豪商であった。

そもそも住友家は、先祖代々、越前国（現・福井県中北部）に五千石クラスを知行した武士であったという。この国は下剋上で成り上がった朝倉氏が十一代（中興の祖・英林孝景から数えて五代）を経て築き、朝倉義景の代に織田信長に滅ぼされた。

ほどなく織田家の筆頭家老・柴田勝家が治めに入国したが、住友の家祖・政友の先代政行(ゆき)は、この混乱を嫌い、武士を捨てたという。

戦国時代には、いまだ士農工商の身分制度はなかったから、政行につづく政友も、己れの才覚一つで世過ぎ（生活）をしたかったのかもしれない。

ただ、彼は最初から〝商道〟をめざしたわけではなかった。次男であった政友は、十二歳で出家させられ、当初は新興宗教の僧侶となっている。のちに商いに手を染めたのも、どちらかといえば布教活動の方便＝宣伝のためといえた。彼は一般大衆を相手の布教活動に、応用のきく「薬種」と「出版」を手がけたのだ。

このあたり、目のつけどころとしては申し分ない。

家祖政友の娘婿として、住友家に養子入りしたのが銅の生産・販売を行っていた「泉屋」こと、蘇我(そが)理右衛門の長男・理兵衛友以(とももち)であった。ここから、住友家は変貌を遂げる。

父・理右衛門は銅吹き（銅の精錬）と銅を分離する技術を身につけ、「南蛮吹き」と呼ばれる技法を完成した人であり、その子・友以は先代の業績を広げ、銅の生産・販売によって巨額の資本をたくわえ、豪商の仲間入りを果たすことに成功する。

あわせて採鉱の業を営み、友以(とももち)―友信(とものぶ)―友芳(ともよし)と経た代になって、ついに別子銅山を発見（一六九〇年）するにおよび、住友家の地位は不動のものとなった。

〝非常の才〟宰平、住友家に仕える

この銅山は富鉱（利用可能な鉱物を豊富に含んだ鉱石）にめぐまれた新山で、開鉱すると数年で、年産二百五十万斤（一千五百トン）を突破し、わが国銅山の首位を占めた。

もっとも、江戸期の採鉱技術は後世に比べれば稚拙で、やがては掘りつくしたと年間産出量は下降線をたどりはじめる、

加えて、それこそ未来永劫、不滅と思われた幕藩体制が揺らぎはじめ、幕府の銅の買い上げもこれまでのようにはいかなくなり、銅価格も下落。そのうえ手を広げた両替商も、諸大名に用立てた貸し付けの焦げ付き（回収不能）が多額なものとなり、さしもの〝住友〟も他の豪商と同様、幕末期に崩壊の岐路に立たされる。

このとき、別子銅山の総支配人に昇進していたのが、生え抜き（きっすい）の広瀬義右衛門、すなわち宰平であった。慶応元年（一八六五）、彼は三十八歳になっていた。

宰平は文政十一年（一八二八）五月五日、近江国野洲郡八夫村北脇（現・滋賀県野洲市八夫）に、医師を父として、五男三女の次男に生まれていた。

明治維新の英傑・西郷隆盛が、宰平より一歳の年長。同じく坂本龍馬が、宰平より七歳

の年下といえば、ほぼ時代背景が理解していただけるのではあるまいか。

とはいえ、幼名を駒之助と称した宰平は、幕末の大きな時代のうねりとは関わりなく、伊予国の別子銅山の支配人となっていた叔父・治右衛門に連れられ、九歳のおりには郷里を後にしている。今日では考えられないが、宰平は十歳で別子銅山の勘定場に給仕として、奉公にあがった。以来、〝住友〟一筋に仕え、二十八歳のときには主人・住友吉次郎友視の推薦で、住友家江戸支店の支配方をつとめた、広瀬家に養子として迎えられ、広瀬義右衛門と称することになる。

「宰平、実名は満忠、字は遠図と云う。宰平は通称なり。実名と字は叔父・北脇淡水翁（治右衛門）が付け呉れたるものにして、余（宰平）は少時よりして余が名に背かず、専ら住友家に対し忠勤を尽し、能く遠大の事業を成就せんことを心に誓えり。又宰平と云う通称は、維新の際、政府より〝衛門〟の称を廃せらるるに及び、みずから付したるものにして、是れ亦、幸に人を主宰するの任に当らば、能く公平に万般の事物を処決裁断せんとの心契に外ならざりしなり」（筆者が適宜、現代仮名遣いに改め、句読点をふった）

晩年、宰平は自叙伝『半世物語』の中で、誇らしげに述べている。

本来〝住友〟では、総支配人は役頭→本役→元締の職制を経なければならない慣例となっていたが、幕末の動乱は想像を絶する激しさで、実直に銅業者として着実にやって来た〝住友〟も、これまでの仕来にこだわっていることができなくなっていた。

序列ではなく、個人の力量、歴史にいう〝非常の才〟が求められた。

「非常の人あり、然る後、非常の事あり。非常の事あり、然る後、非常の功あり」（司馬相如「蜀の父老を難ず」・『文章軌範』所収）

意味はわかりやすい。非凡の人があって、はじめて常人の思いも及ばぬことができ、そうした非常のことがあって、はじめて非常の功績も挙がるというのだ。

平時（平和なとき）に、「非常の人」＝〝非常の才〟は現われにくい。彼らはいつの時代、何処にも実は存在しているのだが、見出せる上司、自身が活躍する場がなかった。

ところが、これまでの常識（習慣・慣例）が通用しなくなったとき、はじめて彼ら〝非常の才〟は抜擢されることになる。このおりの宰平がまさに、そうであった。先輩を幾人も飛び超えて総支配人となった宰平は、〝住友〟の興廃を決する危機に直面する。

別子銅山では毎年、幕府から八千三百石の米を借りうけ、その代金は翌年に納入する銅の中で支払う取り決めとなっていた。米は銅山で働く五千人の生活の糧（総石・一万二千余石）に充て、〝住友〟内で市価の半額以下で安売りしていたのだが、幕府は財政難を理由に、その支給を部分的に停止する旨、一方的に突然、通告してきたのであった。

まさに、青天の霹靂（へきれき）――米が入ってこないのだ。

全山はパニック状態におちいり、鉱夫たちと〝住友〟の間は一触即発の有様となった。

さらに、それに追い打ちをかけるように、幕府は今年＝慶応二年（一八六六）限りで銅の買い上げを停止する、といい出し、その翌月には米の供給はすべて打ち切る、との方針をいい渡した。宰平たち〝住友〟の主だった者は、八方手を尽くしてようやく、一ヵ年だけ米六千石を供給する、との確約を取り付けたが、絶対量が不足している。

米価は引き上げられ、それに憤慨した鉱夫たちは採鉱作業を中止（ストップ）してしまった。

宰平はいきり立つ鉱夫たちの中に飛び込み、彼らと根気強く話し合い、ようやくにして納得してもらったが、禍いは得てして重なり合ってやってくるもの。

一難去って一息つく間もなく、宰平はここで明治維新にぶつかってしまう。

別子を売り払って、本家の危窮（ききゅう）を救へ?!

〝住友〟の与（あずか）り知らないところで、幕府が瓦解してしまったのだ。

慶応四（一八六八）年二月、官軍の一翼を担う土佐藩兵によって、別子銅山は新政府に接収されてしまう。なぜ、〝住友〟の銅山が取りあげられたのか。

別子銅山が、幕府の直営事業とみなされたためである。宰平は土佐藩の隊長・川田元右衛門（小一郎・のちに〝三菱〟を経て、日本銀行三代総裁となる）に談判し、銅山はなるほど幕府の支配下にはあったものの、経営は住友家が独力でやってきた旨を説明し、併せて、銅山を差し押さえる事態は、決して国家のためにならないことを力説した。

〝住友〟としては山を没収され、運営を他の者にでも任されてしまうと、世に立つ手段を失ってしまう。宰平は懸命に川田を説く一方で、自身は伝手（つて）を頼って新政府の重鎮・岩倉具視（下級公家の出身）に直交捗におよんだ。どうやら宰平は、事前にこのことあるを、今風にいう「逆演算」「仮想演習」で想定していたように思われる。

ようやく二ヵ月後、従来どおり鉱山を、〝住友〟に開放するとの趣旨が伝達された。

ほかにも、住友家の大阪本店の銅蔵を押さえられていたが、宰平は土佐藩を通じて新政府に働きかけを行い、どうにかこれも自由に使用できるようにしている。

いずれも掛け値なしの、「死地」における工作であったが、宰平には幕府がいよいよ駄目になったとき、どう対処すればいいのか、誰に何を働きかければ〝住友〟は助かるのか、の事前の想定が細部にわたって検討され、その用意がなされていたようだ。
なにしろ、時代が大きく変わるという時節には、思いもかけないことが、次から次へ連続的に起きるものである。
幕府に突然の銅買い上げ停止を喰らい、新政府には別子銅山を接収されそうになったことから、銅山が戻ってきたのを幸いに、この際、別子銅山を売却して、住友の本家の危機を救うべし、との意見がふいに起こり、瞬く間に大勢を占めたのも、その一例といえる。

「別子を売り払って、本家の危窮を救へ！」

そうした意見を（〝住友〟の）家中の多数が、その胸奥にもつようになったのも、この頃（明治維新直後）のことである。元銅座役人を勤めていた男が、頻りに本家へ出入りして、十万円（現在の貨幣価値で二十億円）で別子の売却を周旋しようと勧めてから、多数の意見は俄然具体化して、売却代金を以て負債を償い、その残金によって住友家の維持を図るがよい、という主張が、しだいに本家の大勢を制しそうになってきた。（『別子開坑二百五十年史』）

無理もなかったであろう、天王寺屋、加島屋、平野屋、炭屋、茨木屋など、江戸時代を通じて栄耀栄華を誇った豪商も、これまで経験したことのない社会の大変動に見舞われると、存外、その崩壊は脆かった。〝住友〟の別子銅山も、なにぶんにも採鉱量は減少の一途をたどっている。これまで一括購入してくれていた幕府は、すでにない。

諸藩への貸付金は事実上、回収不能となっていた。それでいて銅山を維持する諸経費は、戊辰戦争もあってかさみ、別子銅山はいまや〝住友〟の重荷となっていた。

住友本家では家代々の諸道具を抵当に、借入金で急場を凌いだものの、それにも限界はあった。宰平はこの鉱山売却の話を、少し遅れて耳にしたようだ。

彼はこの事実を知るや、とんでもないことだ、と売却に猛反対した。

「大いに其の不可なることを極論し、血涙を濺ぎて争議したる末、遂に此の無謀の挙を止むるを得たり」（前出『半世物語』）

その主張は、別子銅山こそが〝住友〟の基盤であり、これからの再建における切り札である、との一点に尽きた。このことも、事前の「逆演算」「仮想演習」を思わせる。

中国の格言にも、「盛衰の理は天命と曰うと雖も、豈人事に非ざらんや」（六一居士の「五代史伶官伝の序」）とある。

世の栄枯盛衰は、天命によるもので仕方がないというが、考えてみればやはり、人間が招いているのではなかろうか、の意であった。

取捨選択――企業が生き残るにあたって、なにを捨て、なにを残して伸展させるか。

宰平は新たに考えねばならない商いより、これまで〝住友〟が長年にわたって取り組んできた別子銅山の経営を整備し、再構築することこそが、以後も膨張するであろう支出やリスクを負ってなお、その将来に期待がもてるものだ、と判断した。

無私の〝住友〟大改革

――〝住友〟は結局、宰平の案を了承する。

彼は江戸の中橋(なかばし)(現・東京都中央区日本橋三丁目)、浅草の両替店を閉鎖し、他方では主力と決した別子銅山の、鉱夫たちへの信賞必罰を徹底した。

企業再構築(リストラクチュアリング)に取り組む宰平は、情け容赦をしなかった。

彼が大鉈(おおなた)を振るえたのは、己れにまったく私心がなかったからだ、とのちに回想している。宰平には長年仕えた〝住友〟への忠誠心のほか、一片の私利私欲もなかった。本店で資金繰りがつかないときには、養家の田地を抵当に入れて、急場を凌いだこともある。彼にとって〝住友〟は、己が体の一部ともなっていたのだろう。

銅山の改革はつづいた。それまで実施していた鉱夫への食料支給も中止し、自弁として、時間の厳守も励行された。また、低廉な価格で家屋を鉱夫に売り渡したりもしている。

さらに、探鉱に火薬を使用することとし、みずから導火線の初歩ともいうべき〝盛山棒〟を考案。明治時代の商売にあたっては、神戸支店を開設し、海外貿易に力を傾注した。

この間も、〝住友〟の財政窮乏はつづいている。生半可な将帥では、とても全体を叱咤激励しつづけることはできなかったろう。住友家では新春の宴で、

「相変わりませず、お目出度うございます」

というのが恒例となっていた。が、宰平は、

「相変わりまして……一」

と挨拶する。居並ぶ重役たちが、怪訝な（不思議で納得いかない）顔で聞き咎めると、

「相変わらずでは住友家は倒れます。一同相変わって旧を捨てて新を取り、禍いを転じて福とせねばなりませせぬ」

ピシャリ、とやった。

〝住友〟の低迷は明治六年（一八七三）を迎えても、いっこうに脱出の兆しがみえなかったが、宰平は鉱山の改革を押しすすめながら、次の段取りも整えていた。

フランス人鉱山技師のコワニー（ジャン・フランソワ＝コワニエ）を招き、つづいて同じくフランス人のルイ＝ラロックを招聘し、雇用している。

しかも、ラロックを雇用するにあたっては契約書を交わし、職務区分を厳格にして、現在の自らが行っている改革については、一切干渉しないことを徹底させている。

〝住友〟の再建は急務ではあったが、決して無理は重ねない、欧米の先進ぶりに心酔するあまり、技師の意見を鵜呑みにはしない、と宰平は自身にいい聞かせていた。

ラロックは三年の契約期間後に、解雇。代わって二人の日本技師に、採鉱・冶金学（金属の精錬・加工にまつわる学問）を学ばせるべく、フランスへの留学を命じている。

明治七年、ようやく甦った別子銅山は、産出量百万斤（六百トン）を突破。さらに年々、増産の実績をあげ、ラロックが作成した目論見書をもとに、大がかりな車道、東延斜坑、第一隧道などを矢継ぎ早に着手したことにより、年産量は明治十八年、ついに二百万斤に到達した。同二十三年には、三百万斤を超えるまでとなる。

この前年（明治二十二年）、宰平は六十二歳にして初の洋行を実施した。

生涯を〝住友〟に捧げたこの男が、現役を退いたのは明治二十七年のことである。あまりに強引に、宰平が一途に〝住友〟を引っぱり、走りすぎた反動が、ようやく安定期を迎えた〝住友〟の中で確執となって、これまでの不平・不満が一気に表面化したのであった。

しかし彼は、己れを曲げることは決してしない。

晩年、揮毫（書画をかくこと）を依頼されると、宰平はきまって、

「逆命利君、謂之忠」（命に逆らっても主君を利す、之を忠と謂う）

と書いた。

大正三年（一九一四）一月、いよいよ死期が迫った宰平に、近親の者が、何かいい遺すことはありませぬか、と訊ねた。するとこの男は、きっぱりとした口調で、ただ一言、

「何もいうことはなし」

と答えて瞑目した。享年は八十七であったという。

〝住友〟の全社員が仰ぎみた、長期的視野をもつ将帥(リーダー)

伊庭貞剛

劇薬使用のあと

明治維新という空前の社会変革に遭遇し、翻弄(ほんろう)されながらも、広瀬宰平の努力によって、没落をまぬがれた〝住友〟は、「昭和」の戦前において、揺るぎのないわが国屈指の財閥を形成した。

〝住友〟は、過ぎ来し方を振り返って、次のような家憲を定めている。

「信用を重んじ確実を旨(むね)として浮利(ふり)(実直に稼いだのではない利益)を追わざること。時代の進運(しんうん)(進展する機運)を察知し世の進歩に遅れざるよう事業の興廃を行なうこと」

六代総理事・小倉正恒は、この〝住友〟の伝統精神をさらに二つに分けて説いた。

「敬神崇祖と国家社会への感恩」と「道義に基く事業経営」である、と。

とくに後者について、より具体的に問われると、小倉は胸を張っていったものだ。

「道義に基く事業の経営とは、事業の性格を吟味し、その遂行に当り、道義を本旨とする意味である。利益に惑わされて好ましからざる事業に走るのを戒しむるのみならず、道義に悖る場合は利を捨て道を正しくせよ、と訓えるのである。かくして世の信用と信頼をかちえ、これより事業永遠の利を確保せんとするものだ」

(自著『談叢』)

かつて〝日本資本主義の父〟といわれた、渋沢栄一と同様の理想がうかがえる。

もとより〝住友〟とても、利益はあげなければならない——小倉はそういいながら、「事業は国家社会を利し、他面多数の人に安定せる職場を与えねばならぬ事業人としての責務がある」とし、一見矛盾するこの難問に、「挺身努力を続けたのが、歴代の総理事である」と結論づけている。

確かに、歴代の〝住友〟の総理事には、小倉と同じ矜持があった。が、興味深いのは、彼らが各々、自分たちの模範としたのは、初代総理事の広瀬宰平ではなく、その後を承継した伊庭貞剛であった点である。

この人物は、意見の一致を重視して、長期的な視野に立った経営を貫き、企業をあげて社会的責任を全うするといった、「昭和」まで間違いなく存在した「日本型経営」と呼ばれる経営者の理念を、明確に実践し、〝住友〟を成功に導いた人物でもあった。「令和」の低迷する日本企業群を考えるとき、立ち止まって学びたい人物の一人でもある。

なにしろ〝住友〟は、この伊庭貞剛の偉大さを訌争（内部の者がたがいに争う）の中で知ったのだから――。

前項の如く、〝住友〟の危急存亡の淵にあって、広瀬宰平が企画・立案し、決断して実行に移した諸施策は、ときに劇薬にひとしいものばかりであった。見方によればそれこそ、功罪相半ばする結果をもたらしたものも少なくなかった。

『春秋左氏伝』（略して『左伝』）に、「河の清むを俟たば、人寿幾何ぞ」とある。

黄河の水の清むのを待っていたのでは、人間の寿命が尽きてしまう。いったい人間の寿命がどのくらいあるというのか——つまり、成すべきことは速やかにやるべきだ、との意。

まさに、幕末維新期、衰亡の一途をたどっていた〝住友〟にとって、熟慮断行の余裕はなかった。生き残れるか、滅亡かの二者択一を迫られており、古の孫子もきっぱり言い切っている。

「兵は拙速を聞く、未だ巧みの久しきを睹ず」（作戦編）

どのような戦争巧者でも、いたずらに時間を浪費して成功した例はない。

広瀬宰平は前項でみた如く、危急存亡の時期の将帥として、図抜けて優秀であった。

だが、ひとたび危機を脱して一息つける境遇にいたると、この型の指揮官は煙たがられ、邪魔者扱いされる場合が少なくない。住友の別子銅山の経営が順調に推移・発展する中、明治二十二年（一八八九）に広瀬宰平が欧米諸国をまわる余裕をもちはじめたころから、彼のやり方に対して露骨に批難する声が、内部から噴出しはじめる。

これまでことごとく宰平の独断専行でやってきたことへの、反動とみてもいい。

危急存亡のおりには議題を逐一、衆議に諮ってはいられなかった。

幕末動乱のおりの金策、別子銅山の経営権獲得、銅山施設の改善、販路の拡大、そして家政の整理と刷新、いずれもが間髪を容れずにやらねばならない案件であった。

周囲は宰平を認めつつも、その独裁ぶりを苦苦しく思いつづけてきたのであろう。

彼らは宰平の功績を了承しながら、決してそのやり口を許そうとはしなかった。

もちろん宰平の側にも責任はある。が、あのとき、ほかに採るべき方策があったか否か――ここに、彼――というよりは、〝非常の才〟――の悲劇があった。

〝住友〟の訌争と貞剛の幼少期

明治二十七年（一八九四）一月、住友の理事であった大島供清は、病気と称して、志を同じくする部下を引き連れ〝住友〟を去ると、公然と外部から広瀬宰平の弾劾を始めた。

大島は生野銀山出身で明治十一年、〝住友〟に入り鉱山副支配人として、別子の経営にながく参画してきた人物である。それが宰平の人事行政の非を声高らかに鳴らし、その独裁者ぶり、公私混同を住友家にくり返し訴え、ついには地元新聞にまで内情を暴露して、徹底的に攻撃した。住友家内部にも、宰平を快く思わぬ者はいる。また、宰平が信頼していた部下からも、同調者が現れる始末であった。

しかし、この〝住友〟を宰配してきた総理事は、それらの動きをへとも思わない。修羅（しゅら）の巷（ちまた）を掻（か）いくぐって生き抜いてきた宰平に、およそ怖いものなどなかったろう。

訌争は真正面から火花を散らし、重役間の対立はやがて一般の職員にも波及し、別子銅山数千人の坑夫たちをも巻き込む大騒擾（そうじょう）となった。加えて、このころ鉱山の煙害問題も発生している。地域住民との争いも、火を吹きはじめていた。

この混乱をうまく沈静化させ、新たなる秩序を確立せねば、〝住友〟はふたたび転落の道をたどりかねなかった。が、主流派と反主流派の、がぶり四つに組んだ訌争を、調停できる者が組織内にはいないのが普通である。

それゆえにこそ、組織は自滅の道をたどるか、〝漁夫の利〟で第三者に乗っ取られることになるのだが、この至難な、一見不可能ともいえる難局の解決に、まれにみる裁定能力を発揮し、〝住友〟を救ってなお、のちに大財閥たらしめたのが伊庭貞剛であった。

東海道列車が瀬田の鉄橋を通過する際、車中の住友人は大抵の場合、顔を窓ガラスに押し付けて唐橋の下流を眺め、右岸の、小高い山のみどりに眼を凝らして〝あすこが伊庭さんの亡くなられた別荘だ〟となつかしく思い出すらしい。それ程に伊庭貞剛は人望があった。（住友常務理事・川田順の自著『住友回想記』）

――伊庭貞剛を評して、〝住友の精神〟という言葉がのちに定着している。

「我営業は確実を旨とし、時勢の変遷、理財の得失を計りて之を興廃し、苟くも浮利に趨り、軽進す可らざる事」（わが住友の営業方針は、確実を根本として、時勢の移り変わりや、経理上の利害得失を計算して、これを興すか廃するかの決断を下すがよい。だが、いやしくも、利益さえあがれば何をしてもかまわないという、儲け本位に走ったり、軽々しくことをすすめたりしないように留意すべきである）

「自利利他公私一如」（みずからを利するとともに社会をも利し、公私一つとならなくてはならない）

右のような住友家の「家憲」（明治二十四年制定）をまとめたのは、初代総理事の広瀬宰平であったが、「歴史に一新時期を劃する」（白柳秀湖著『住友物語』）――この方針を〝住友〟の中に定着させたのは、二代総理事となる伊庭貞剛であった。

この人物は、商売とは縁のない世界にいた。

弘化四年（一八四七）——ペリー来航で本格的にはじまる幕末動乱より、数えて六年前の正月五日、近江国蒲生郡西宿（現・滋賀県近江八幡市西宿町）に生まれている。幼名を耕之助。伊庭家は代々、泉州伯太藩渡辺家一万三千五百余石に仕え、江州の飛地・西宿ほか五ヵ村を預かる代官を務めていたという。

貞剛の父・貞隆は度のつよい癇癖性の人で、いまならドメスティック・バイオレンス（家庭内暴力）に分類されていたに違いない、怖い人であった。

その怒りにふれた妻の田鶴子は、貞剛を身ごもったまま生家にもどされ、母子が貞隆のもとに帰れたのは七年を経過してからであった、といわれている。

ついでに記すと、かの広瀬宰平はこの田鶴子の実弟にあたる。

もっとも貞剛が生まれたとき、宰平はすでに別子銅山の勘定場に奉公に出ていたから、宰平と貞剛の両者が一つ屋根の下で生活をともにしたことはなかった。

物心ついた貞剛にとって、座辺に必ず籐で巻いた細い鞭を置く父は、厳格で恐ろしい人であった。一方の母は、実家にもどされてからも毎暁、三里の道を西宿にかよい、伊庭邸の門前を掃き清めたという、封建道徳時代の良くできた、忍耐の女であった。

貞剛の人間形成は、いわばこの両極端の両親の性格を合わせ、受けつがれた結果といえそうだ。父から厳しく四書（儒学の教典）の素読を授けられた貞剛は、十歳をすぎると、児島一郎という浪人に神影流の剣術を学んでいる。

後年、貞剛は己れの基礎は、剣と禅によって成ったという意味のことを述懐しているが、少年時代の剣の修行は、父の教育とならんで厳しいものであったようだ。

稽古は毎朝、未明からはじまる。児島の道場までは、貞剛の家から一里余の道程であった。夏はまだよい。だが、冬の寒さは想像を絶した。

「自分の修行のために、他人に迷惑をかけてはならぬ」

少年貞剛は師の言葉をまもり、厳冬の夜、就寝前に自身で炉に炭火をおこして、粥を仕掛け、ひと眠りしてからその粥をすすって、粉雪の舞う中を道場へ急いだ。

彼が免許を得たのは後年、二十一歳のときである。

それよりはやく、文久元年（一八六一）、貞剛は十五歳で元服を迎えた。

——筆者は幕末の人物を調べているとき、現代人と比べて、常々思うことがある。学びの手法、教育全般に関しての、方法論の隔絶した違いについてだ。

なぜ、引きこもりが生まれるのか

伊庭貞剛と同様に、厳しい剣と禅を修行した幕末の英傑に、勝海舟（かつかいしゅう）、山岡鉄舟（やまおかてっしゅう）がいた。

彼らは「令和」の今日からみれば、考えられないような辛くて苦しい、心身に痛痛しい(見ていてかわいそうな)修行を、自らに課している。親もそれを認めていた。

修行の途中で彼らは、「痛い」「苦しい」「辛い」「もうダメだ」といった気分や体験を、幾度も味わっている。挫折感を抱いたことも、度々であったろう。

なにしろ幕末の修行には文武を問わず、今日とは違って師の懇切丁寧な指導がなかった。師はあえて具体的な手本や模範を示さずに、前知識ゼロの状態から修行をさせている。

理（ことわり）を詳しく聞かせて、ミスのないように配慮をするといった、今日あたり前のような処置を、一切講じていないのだから、修行は〝失敗〟の連続となる。

その点、昨今はありがたい。たとえば受験用の勉強、進学塾であろう。

塾では「こうすればうまくいく」「失敗しない」方法論を学ぶ。いいかえれば、与えられた設問への答えの出し方を、最短距離(時間)で、合理的に身につける。

しかしこのやり方では、吸収した知識が本当の意味で、その人に備わったかといえば、どうであろう。なるほどとおりいっぺんの、形だけは様（さま）になっていようが、体感や実感がともなっておらず、深い部分にまで理解（納得）が得られたとはいえない。

そのため、設問をはなれて応用はきかず、自分のもの＝本物にはなっていない場合が少なくない。これは受験勉強だけではなく、現代の日本が抱えるすべての課題の、根本的な原因でもあるように思われる。

大学においての講義も、企業における仕事も、自分の頭で考え、失敗しながらも正解にたどりつく努力をするような、教え方がなされていない。そんな時間はない、というのがその言い訳となる。なるほど、一利はある。だからこそ実践をされているわけだが、捨てた〝利〟の大きさに、どれほどの人が気づいているのだろうか。

手近の『広辞林』で「失敗」を引くと、「しそこなうこと」「やりそこなうこと」「しそんじ」「やりそこない」「しくじり」「失策」とあった。「失敗は成功のもと」とも。

失敗を経験、体験することによる成長の手法――「どこかで見聞きしたような」という模倣を嫌い、独創性を育む力を伸ばすには、「痛い」「苦しい」「辛い」「もうダメだ」をくり返すしか、本当の修得はない。

「こうすればうまくいく」といった効率のいい学習や仕事の進め方からは、応用――予期しないことが起きたり、思いどおりの結果が出せなかったおりの、対処法や問題解決策が出てこないのである。失敗の特性を理解するには、失敗を経験するしかない、と歴史学はくり返し語っている。実験・研究の分野は、そもそもそういうことの反覆であるはずだ。ところが成功体験からしか教えない、「こうすれば失敗しない」という最短で模範解答を教える現代のやり方は、学んだ者に失敗と向き合う態度を欠落させる結果を招いてしまった。そのため、個人としては心折れやすい人が増え、容易には立ち直れない。

国全体としては、模倣ばかりで創造力のあるものを生み出せなくなってしまった。

現代の日本には六十万人以上、一説には百二十万人の引きこもりの人々がいるという。

彼らが小さな失敗や挫折を肯定していた、昔の教育方針にあったならば……、とつい考えてしまうのは、筆者だけではあるまい。

失敗した人に、「もう一度、頑張れ」「まだやれる」と声をかける人がいる。引きこもりに、「ダメじゃないかそんなことでは、外へ出る努力をしろ」と声を励ます人も同断。

その人のため、よかれと思ってやっているのだろうが、これはほとんどの場合、逆効果にしかならない。声をかけられた方には、励ましが苦痛でしかないからである。

なんとかしたい、と切実に思っているのは本人なのだ。なのに、心も体も動かない。

小さな失敗や挫折の経験をつんでこなかった、否、つませてこなかった世の中に、責任の大半はあろう。顕在意識にいくらハッパをかけても、心の底の潜在意識が変わらないかぎり、人は変われないものだ。

幸か不幸か、伊庭貞剛の時代に、最短距離で成功するという〝ありがたい〟(実に迷惑な)方法論はなかった。教えてくれる師もいない。

人は元来、自ら経験したことしか教えられないものだ。

学問も剣術も、定められた方法、型にそって「痛い」「苦しい」「辛い」「もうダメだ」を幾度も経験する中で、徐々に己れを向上させ、ついには「なるほど」と自得する領域にたどり着くことができるようになる。

もとより、いつの時代、いずこの国でも、ものにならない人は存在した。

幸いにして貞剛は、厳しい父や師の教えにも耐え、さらに文武を磨くことができたようだ。世上は幕末の動乱がいよいよ沸点に近づき、父の貞隆も泉州へ詰めることとなって別居することになり、貞剛はようやく父の重圧から解放される。

そうした中で貞剛が出会ったのが、勤王志士・西川吉輔(にしかわよしすけ)であった。

判事から商人へ転身

西川は京の等持院（現・京都市北区等持院北町）に安置されていた、歴代足利将軍家の木像のうち、初代尊氏、二代義詮、三代義満の首を斬り、三条大橋に晒して、幕府を批判した事件に連座していた。そのため八幡町に近い江頭村に、「親類預け」の身となる。いわゆる政治犯であった。尊王攘夷は全国的に流行であり、とくに青少年の血をわきたたせていたから、時代の子である貞剛も、この西川を英雄とみなして接し、その影響で彼から陽明学を学んだようだ。この学問は、考えることと行動することが一つでなければならない、とするもので、その激しさはときに、学んだものの生命を奪うこともあった。もと与力でありながら、一揆をおこした大塩平八郎、彼を尊敬する人物にあげた西郷隆盛も、陽明学を修めていた。

そうこうするうちに、慶応三年（一八六七）がやって来る。この年の十月、幕府は大政を奉還。十二月には「王政復古の大号令」が発せられるに及び、囚われ人の西川も一転、新政府の役人となって京洛に去った。

この西川を頼って京都に出たことにより、貞剛の人生は大きく動き出す。

明治二年（一八六九）三月、京都御留守刑法官少監察を拝命した彼は、ときに二十三歳。

七月、官制改革により弾正巡察属となっている。ともに、今日でいえば警察官、巡査のような官職であった。

いきなり、新政府の主要役職に登用――それはない。

なにしろ貞剛には、薩摩・長州・土佐・肥前佐賀といった、有力な藩閥の後ろ盾も、新政府への太い人脈もなかったのだから。そうした中でも、貞剛は懸命に職務を果たした。

生野銀山で暴動が起こったおりも、鎮圧に参加。五十両の褒賞をもらっている。

また、新政府の大立者・大村益次郎（長州藩士）の暗殺事件では、犯人・神代直人（尊攘過激派の長州藩士）が不備な手続きのまま処刑されかけたのに異議をとなえ、刑の執行をとめさせたりもした。これがのちに東京で問題視され、尋問を受けることになる。

ところが、人間なにが幸いするかわからない。尋問後、貞剛はそのまま東京勤務となった。彼は苦境を経験しつつも、忍耐強く職務を担いつづけている。

明治四年正月、次には参議・広沢真臣（長州藩士）が九段の自宅で刺客に襲われ、絶命するという事件が起きた（享年三十九）。貞剛は犯人と目された大楽源太郎（長州藩士・大村益次郎の暗殺、長州藩諸隊の脱退騒動にもかかわったとされる）を逮捕するため、弾正大巡察（警部相当）として長崎に派遣される。

結局、大楽はかくまわれた久留米・柳河の両藩士の手によって殺害されるのだが、貞剛は長崎に滞在して、文明開化の新しい時代の空気に接する機会を得る。

新政府の機構は、朝令暮改(ちょうれいぼかい)——弾正台・刑部省が廃止され、新たに司法省が設置されると、貞剛は少検事に進み、明治五年六月、函館裁判所が開設されると、十月、同裁判所勤務を命じられる。昇進は順調であったものの、この頃には官界にたいする不平不満が、彼の心中に蓄積されていたようだ。明治九年、大阪裁判所に転勤。翌年九月には、大阪上等裁判所判事を拝命。しかし貞剛は、二年も経ないうちに、明治十一年十二月に辞表を提出し、翌年正月、あっさりと官界を去ってしまう。

十年の星霜(せいそう)は、明治政府より維新の大気魂を萎靡(いび)せしめ(しおれさせ)、ために鯁骨(こうこつ)(気性が強く正しい)不羈(ふき)(束縛できない)の士は相(あい)ついで野(や)に下り、ことに西南役後、官府の気風頓(とみ)に弛緩し、暮夜ひそかに権門勢家(けんもんせいか)に出入して、その鼻息をうかがう輩(やから)の一層頻出(ひんしゅつ)(しきりに現れる)し来たるを見た。(西川正治郎著『幽翁(ゆうおう)』)

薩長藩閥の政府に、嫌気がさしての辞職であったのは、ほぼ間違いないが、一般に伝えられている、郷里に帰って父母や妻子と生活し、郡長でもやればよい、といった考えで貞剛は辞職したとは、筆者には思えない。

帰郷に先だって彼は、叔父の広瀬宰平を訪ねたという。単なる挨拶のつもりであったというが、この三十三歳の甥をみた宰平はみすみす帰省させたりはしなかった。熱心に〝住友〟への入社を誘ったともいわれているが、筆者はそれよりも早くから、貞剛の〝住友〟入りを宰平は説いてたのではないか、と疑っている。

貞剛が官界を去った翌月――正確には二月一日付で、彼は「試験ノ為雇入シ二等ニ準ズ、重任局（鉱山事務所）詰」の辞令をうけている。月給はそれまでの判事の半額となったが、五月には早々と本店支配人（一等）となっていた。

〝力（剛）の宰平〟に対して、貞剛は〝徳（柔）の人〟――後顧の憂いなく、自らは別子銅山に全力を投入するため、宰平は貞剛を説きふせて〝住友〟へ入社させ、己れの補佐役として配置した、と考えた方が通り（理解）はよい。

一難去ってまた一難

住友本店の支配人となった貞剛は、当初、主として大阪財界での活動をうけもった。商業会議所（のちの商工会議所）議員や大阪市の参事会員（名誉職）、大阪商業講習所（大阪市立大学の前身）の創設にも、彼は積極的に役割を担っている。

その一方、日本における紡績業界の先駆者・山辺丈夫を支援して、わが国初の紡績会社「大阪紡績」（のちの東洋紡）の設立（明治十五年〈一八八二〉）に関与したのだが……。

ちなみに、山辺は渋沢栄一が人物を見込み、ロンドン大学に留学して経済学（とりわけ保険）を学んでいたのに、「紡績を学んでほしい」と依頼した人物。津和野藩亀井家四万三千石のもと藩士で、藩校「養老館」（現・津和野高校の前身）に学んだ秀才であった。

この藩校からは、渋沢や小栗忠順と関係を持った西周、文豪・森鷗外が出ている。

山辺はマンチェスター近郊のブラックバーンで、ブリッグスという経営者の紡績工場に、一職工として働きながら、工場を運営するシステム全体を身をもって学んでいる。

貞剛はこれからの産業として生糸と綿糸に注目、わけても中国を主な需要地とする綿糸の生産こそ、関西が最適地だと判断していた。

それゆえにこそ、イギリスで紡績技術を修得してきた山辺を応援したのだが、創業当初は筆舌につくしがたい困難が相次ぎ、ようやく経営が軌道に乗ったかと思えば、火災のためにすべてを消失する不運にも遭遇する（明治二十五年）。
灰燼を浴びて呆然と立ちつくす山辺に、貞剛はさらなる支援の手を差しのべ、工場は翌年には再建にこぎつけているのだが、貞剛の試練でいえば、明治十五年、宰平が得意の攻めの経営で、大阪の船舶事業を統合し、創り上げた「大阪商船」（商船三井の前身の一）の崩壊を食いとめたことの方が大変であった。

明治十年の西南戦争により、船舶事業を有益と判断した人々は、各地でさまざまな汽船業を営んだ。そのため全国的に熟練船員が不足し、無謀な競争は多くの事故を招いた。

政府はすでに朝鮮半島への航路と就航船をもっていた〝住友〟に、関西の汽船会社を統合するための、肝煎役を要望する。貞剛は時期尚早だ、と反対したのだが、宰平は持ち前の強気で「まかせておけ」と引き受け、腕力に物をいわせるように、一気にこの難事業をなしとげた。

ところが、誕生した「大阪商船」はその後、わずか一年半で行きづまってしまう。

粗悪な船舶が多く、燃費がかさむばかりか、おりからの不況もあって、もともと烏合の衆である株主と役員間に軋轢が生じ、収拾のつかない状態に陥ってしまった。

筆者はその原因の一端は、宰平の性格にあったとみているが、貞剛も大騒動あるを見越していた。それゆえ、「大阪商船」の創立時、宰平がいかに頼んでも、貞剛は同社役員に名をつらねなかったという。だが、彼には「逆演算」「仮想演習」ができていた。

明治十九年二月、事態打開のための臨時株主総会で、はじめて貞剛は取締役に就任。かねてから考えていた対策——株主と役員の親睦、役員間の意志疎通をはかること、局面打開の資金調達、船舶の改良といった策を、矢継ぎ早に実施し、二年半の短期間でこの会社を立て直すことに成功している（明治二十一年十一月、貞剛は取締役を辞任）。

「難事起(おこ)ればみずから進んでこれに当(あた)り、難事去ればおのれまず退いて後進に道を譲るところに、伊庭の骨頂があった」（『幽翁』）

この「大阪商船」については、貞剛は再び乞われて明治二十九年から明治四十四年までの十五年間、監査役をつとめたこともあって、そのときのエピソードが語り継がれている。

——彼が監査役を辞する、明治四十四年の幾年か前のことであろう。

ときの社長・中橋(なかはし)徳五郎（のち文部大臣）が株主総会に報告する決算表に、明白な欠陥のあることが事前に知れた。それを貞剛に告げた者がいたのだが、彼はそれを訂正することなく総会に臨む。果(はた)せる哉(かな)（案の定(じょう)）、数字をめぐって総会は大荒れとなった。

そのとき、貞剛はやおら立ち上がり、

「本決算表は逐一綿密に監査しましたが、厘毛（ほんの少し）の間違いもないことをご報告申し上げる」

と発言した。満場はその一声で静まり、総会は無事に終了したという。

あとでこの発言の真意を聞かれたのちの〝住友の精神〟は、次のように語った。

「事業はすべて人物如何にかかっており、情勢は刻一刻と変化する。社長が誠心誠意、会社のために尽くしていて、経営の基本方針に狂いのない以上、周囲はそれに力添えをして、方針が途中で挫折せぬようにしてやることだ。それが結果としては、会社にも株主にも利益となるのだ」

同じころ、「大阪商船」の芳しくない内情を知って、貞剛に関係を絶つようにすすめた人がいた。このときも、のちの〝住友の精神〟は次のように述べている。

「大阪商船は当初、住友が力を入れて創立したものだ。会社の内容が悪いというなら、一層、努力して良くせねばならぬ。経営者がよくないというのなら、適当な経営者を選べばよい。良いときは関係して、悪くなれば切るというのでは、株式会社を論ずる資格はない。ましてや住友の人間においては、なおさらである」

貞剛は部下が持ってくる決裁書類に、目を通さずに判を押すこともしばしばであった。

「重役が在職中に生命懸けで押さなければならない判は、二度か三度だ」

上司の役目は部下が失敗したとき、その責任を取ることだ、と彼は考えていた。それが権限を委譲しながらも、責任が集中する姿勢、組織運営の真骨頂だと貞剛は思い定めていた。彼はこのやり方が、部下の士気を高め、最大限の努力を引き出す一番の方法であることを理解していた。

空中分解の危機を回避する秘訣

――話を、明治二十三年（一八九〇）に戻す。

この年、貞剛は滋賀県から衆議院議員選挙に立候補し、みごと当選している。だが、住友家では前年に隠退した、家長の友親が十一月二十三日に病没。不運は重なるもので、その七日後、当主の友忠が十九歳の若さで腸チフスのために急逝してしまう。住友家には、先代の未亡人と友忠の妹たちだけが残った。〝住友〟の危機である。

すると貞剛は、衆議院に議員の辞表を送り、多くの公職からも一斉に手を引き、宰平を助けてもっぱら住友家のために働く決断をする。このおりも貞剛には、「逆演算」「仮想演習」ができていたようだ。

財界に隠然たる力をもつ元老・井上馨は、この住友家の悲運を〝奇貨居くべし〟（得がたい機会だから、逃さず利用すべきだ）と、住友家当主の人選に容喙しようとする。

宰平と貞剛はこれを頑なに拒み、他の商家との縁組も、親戚関係をもつことで生じる制約や干渉などを慮って、速やかに住友友忠と学習院で同期であった、徳大寺隆麿を迎える処置を断行した。

このおり、公家出身で未知の実業界を危ぶみ、躊躇する隆麿本人とその長兄である徳大寺実則、次兄の西園寺公望、三兄の中院通規を招いた貞剛は、

「住友の財産といったところで、何ほどのものでもありません。たかが銅を吹いて（精銅して）儲けたくらいのものですから、潰してもらっても結構です」

と説得。隆麿はようやく応諾し、住友吉左衛門友純と改名した（明治二十六年四月）。

住友家は経営にあたる番頭が、会社の顔（出資者）である当主を上手に選び、承継に事なきを得たが、この時期、冒頭の〝住友〟を二つに割った訌争は、かなり激化していて、衝突はまた新たな軋轢を生じ、事態は一刻の猶予もならないところまで悪化していた。

――このままでは、〝住友〟は空中分解しかねない。

明治二十七年一月、貞剛は意を決して別子銅山へ赴く。出立するにあたって彼は、禅を通じて親交のあった峩山（がざん）（峨山）老師（姓は橋本・臨済宗天龍寺派管長）を呼んで、伊庭家の後事一切を託した。

「あとのことは心配せずに行きなされ、骨はわしが拾ってやる」

老師の言葉を背に、餞（はなむけ）の『臨済録（りんざいろく）』一冊を懐中にして、貞剛は殺気立つ鉱山へ入ったが、彼の供はわずかに一人――護衛ではなく、謡曲の師匠であった。

貞剛は己れの剣の腕前を、極めて優れたものと認識していたのであろうか。

乗り込んだからには、さっそく快刀乱麻を断つがごとき処断に出たかといえば、そうはせず、彼はいっこうに行動（アクション）を起こそうとしない。貞剛は宰平の甥である。おそらく反対派の社員は更迭、訌争も大量馘首（かくしゅ）（解雇）をされるもの、と銅山は身構えたのだが……。

反対派は貞剛の日常に、当惑してしまう。奇怪千万、あるいは拍子抜けしてしまった。

なにしろ貞剛は、山中に質素な草庵を営んで、毎日のように謡曲をたしなむほかは、鉱山と新居浜（明治二十一年操業の製錬・事業所）の間を歩きまわるだけで、それも出会う者のすべてに、

「やあ、ご苦労さん」

と一様に挨拶をする。日々、何をされているのですか、と社員や鉱夫に問われると、
「わしは詩吟の稽古さ、毎日、上がったり、下がったりしておる」
と笑いながら答えた。

しかし、貞剛の内心の苦悩は、言葉とは裏腹に日々深刻の度を増していた。山内の対立に加え、煙害除去の問題も発生。急がねばならない。が、ここが難しいところであった。

規則を改正したり、取り締まりを強化し、人事権にものをいわせることは難しいことではない。が、それらは枝葉の対策であり、対症療法としてはその場逃れ（その場だけをとりつくろって、あとの責任を負わないこと）になりかねない。貞剛はこの機会に、職員や鉱員との意思疎通をはかり、〝住友〟を一つに結束させたいと考えていた。

彼は具体的に、このおりの自らの心境を語っていないので、ここは同じような剣と禅を修行した勝海舟の言を借りたい。

危難に際会して逃げられぬ場合と見たら、まず身命を捨ててかかった。しかして不思議にも一度も死ななかった。ここに精神上の一大作用が存在するのだ。

ひとたび勝たんとするに急なる、たちまち頭熱し胸おどり、措置かえって転倒し、進退

度を失するの患を免れることはできない。もしあるいは、のがれて防禦の地位に立たんと欲す、たちまち退縮の気を生じきたりて相手に乗ぜられる。事、大小となく、この規則に支配せられるのだ。

おれもこの人間精神上の作用を悟了（すっかりさとる）して、いつもまず勝敗の念を度外に置き、虚心坦懐（わだかまりのない、すなおな心で）、事変に処した。それで小にして刺客、乱暴人の厄を免れ、大にして瓦解前後の難局に処して、綽綽として余裕をもった。これひっきょう、剣術と禅学の二道より得来たったたまものであった。（勝部眞長編『氷川清話』）

大事にあたって求められるのは「余裕」

海舟は「余裕のある人間たれ」と、くり返し語っている。

今の人たちに、この余裕を持っているものがどこにあるか。人にはずいぶんたくさんあるようにみえる世の中だけれども、おれの眼には、とんと見えないよ。皆無だよ。それを思うと西郷（隆盛）が偲ばれるのさ。彼は常にいっていたよ。「人間一人前の仕事というものは高がしれている」といっていたよ。

どうだ。余裕というものは、ここだよ。〈中略〉君らには見えないか。大きな体をして、小さいことに心配し、あげくの果てに煩悶しているものが、世の中にずいぶん多いではないか。だめだよ。彼らには、とても天下の大事はできない。〈中略〉何事をするにも、無我の境に入らなければいけないよ。悟道徹底の極は、ただ無我の二字にほかならずさ。いくら禅で練り上げても、なかなかそうはいかないよ。いざというと、たいていの者がみだれてしまうものだよ。

切りむすふ太刀の下こそ地獄なれ踏みこみゆけば後は極樂

とは昔、剣客のいったことだ。歌の文句は、まずいけれども、無我の妙諦は、つまり、このうちに潜んでいるのだ。〈中略〉おれも十七、十八、十九、血気盛りのこの三年の間、撃剣の修業をしたときに、いろいろ禅で錬ってみたがの、おれの修業は、たいそう役にたったよ。（同右）

貞剛は、宰平の部下である別子山の支配人・久保盛明を解雇して反対派の矛先をかわし、反対派につらなる人々を再登用したうえで、宰平を隠退させようとした。喧嘩両成敗である。が、これはうまくいかなかった。なにしろ、相手が相手である。

さしもの貞剛も苦心惨憺、ついには住友家当主の実兄・西園寺公望の力を借りて、ようやく宰平に引導を渡すことに成功している。

私人としての貞剛にすれば、おそらく断腸の思いであったに違いない。が、彼には〝住友〟の番頭という立場があった。

その後、鉱害問題となっている新居浜精錬所を、瀬戸内海の四阪島（現・愛媛県今治市）に移転し、三角坑の排水、第三通洞の開削、湿式製錬法の中止、その他の改善策を矢継ぎ早に指揮して、それでも五年もの間、貞剛は別子に在りつづけた。

この頃、別項の古河市兵衛が経営した足尾鉱山が、渡良瀬川流域に排水を流し、鉱毒被害を出して世上に関心を呼び、国に予防工事が命ぜられたのが明治三十年（一八九七）のこと。貞剛はこの前年、煙害対策として製錬所の移転を計画。そのため、宰平と折り合わずに去った製錬技師・塩野門之助を呼び戻し、立案にあたらせている。

四阪島を用地として買収を急がせた貞剛に、

「もし、この地が製錬所に不適当となったら、どうするおつもりですか」

と部下が問うたとき、貞剛はいう。

「ならば自分で島を買い取って、桃でも植えるよ」

煙害問題のみならず、環境や地域住民への配慮を欠いて、企業活動を優先し、「富国強兵」「殖産興業」に急いだのが明治の日本であった。独立国としての尊厳を守ることが、何事にも増して最優先された時代であり、人々も概ねそれを支持していた。

こうした時代に、貞剛の決断はきわめて特異なものであり、煙害問題に向けてその方針を後援（バックアップ）した住友友純もまた、時代に画する存在であったといえる。友純の場合、「民衆に損害を与え怨嗟（えんさ）の声を聞くこと」が、家長として最も耐え難いものであったようだ。〝住友〟の家格を汚してはならない、その伝統に対する思いが彼には極めて大きかった。

揺るぎない人間への信頼

さらに、貞剛の活躍で見落としてならないのが、宰平退任後の明治二十八年（一八九五）五月に、彼が主導して行った広島の尾道における重役会であったろう。

この開催された会議は画期的なものであり、日本企業の経営史上にも特筆すべき、重役合議制を確立した、企業・事業の近代的組織化の始まりとなった。

これまでの経営は宰平がそうであったように、ときの実力者が独断専行して方針を決めてきた。その運営を貞剛は改め、合議によって進むべき方向を決めることにしたのである。尾道での重役会では、環境関連の問題が話し合われ、住友銀行の設立、住友本店の新築などが決められ、その後の〝住友〟の多角化が方向づけられたといってよい。

明治三十年四月には日本製銅を買収して、住友伸銅場を設立。大阪製銅を吸収して伸銅場分工場とし、日本鋳銅所も買収して住友鋳銅場へ。これらはのちの、住友金属工業などの基礎となるM&A（企業の合併・買収）であった。

また、明治三十二年には住友本店に倉庫部をもうけ（のちの住友倉庫）、排煙の有害成分除去技術を利用した肥料製造にも乗り出している（のちの住友化学）。

その一方で貞剛は、自らが総理事の椅子につくや、未来の外務大臣と呼び声の高かった日本銀行理事の河上謹一を、〝東洋一の高給〟で迎えて住友本店理事に据え、農商務省参事官であった鈴木馬左也を住友大阪本社副支配人とし、ただちに外遊を命じるなど、これからの〝住友〟の人材確保、育成にあたった（鈴木は貞剛の後任、三代総理事となる）。

貞剛は理想を掲げつつも、とりわけ急ぐものは別として、全体としては実現に向けて漸進主義であった。「常に理想を望んで現実に先んずること唯一歩なれ」（西野喜与著『住友コンツェルン読本』）

明治三十七年二月、その彼が『実業之日本』に、「少壮と老成」と題する一文を載せている。そのなかで貞剛は、

「或一つの目的を確乎と握つて、一代で出来ねば、二代でも、三代でも懸けてやる位の決心で、一生懸命に人事を尽くすなら、成功は天地の理法として自然に来るものである」（筆者が適宜、現代仮名遣いに改めた）

と述べている。

彼は晩年、自分が本当に成し遂げた事業は、別子の植林事業だけだった、という意味のことを語ったことがあった。鉱山事業の結果として生じた、山河の荒廃を、彼は経営者の責任ととらえ、もとの豊かな自然に戻す。否、以前より以上にすることこそが、〝住友〟の経営者の責務だと考えていた。いまでいう、社会的責任（ＣＳＲ）である。

彼がここまで到達できたのは、自ら功を焦らず、目先の利益にとらわれない、長期的視野をもつことができたからだ。それを可能にしたのは、宰平のやり方を反面教師として学び、自らは部下を信頼して、その力を最大限に引き出す機会を与え、すべての責任を自ら

がとる覚悟を決めていたからだといえる。

貞剛には、揺るぎない人間への信頼があった。彼はまた、

「事業の進歩発達に最も害をするものは、青年の過失ではなくて、老人の跋扈(ばっこ)である」

「老人は少壮者の邪魔をしないようにするということが、一番必要であろうと自分は信じている」(同右)

と説いた。このとき、貞剛は五十八歳であった。

この年の七月、彼は〝住友〟の総理事を在任四年で、十歳以上年下の鈴木に譲り、

暁の鐘の響きに散りにけむ

サラリと木の葉のごとく、住友家を去った。

以来、隠退した滋賀県石山の地で大正十五年(一九二六)十月二十五日まで、花鳥風月を友としてひっそりと暮らしたという。号して「幽翁」。享年は八十であった。

生命（いのち）か利益か、で勝ちつづけ、財閥を築いた

大倉喜八郎

やがてなりたき男一匹

〝三井〟〝三菱〟〝住友〟〝安田〟に次ぐ、大財閥を一代で築いた大倉喜八郎（おおくらきはちろう）は、得意の狂歌で次のように自らを省みていた。

わたり来しうき世の橋のあと見れば
命にかけてあやふかりけり

この狂歌は、明治四十四年（一九一一）以前に作られたというから、当時、喜八郎は七十代であったろうか。

彼が九十二年の生涯をかけ、創業して経営に腕を振るった企業の中で、「令和」の今日なお存続しているものを挙げれば、大成建設、サッポロビール、帝国ホテル、帝国劇場（運営は東宝）、日清オイリオグループ、あいおいニッセイ同和損害保険（あいおい損保、ニッセイ同和損保、三井住友海上が合併したMS&ADインシュアランスグループホールディングスの子会社）、特種東海製紙、リーガルコーポレーションおよびニッピ（二社が相互に筆頭株主となっている）、日本化学工業、東京製綱、日本無線（JRC）、中央建物、本渓鋼鉄有限責任公司（中国）などがある。

彼の寄付により設立・運営された学校には、東京経済大学、関西大倉学園、韓国の善隣インターネット高等学校（善隣商業学校の後身）があり、民間で日本初の美術館・大倉集古館も忘れられない。

名門ホテル・オークラは、喜八郎の息子・喜七郎が帝国ホテル以上のものを目指して、屋敷跡に実現させたものであった。

大倉喜八郎はいかにして一代で、徒手空拳、財閥を築き得たのか。答えが冒頭の、狂歌にある。彼は常に、生命（いのち）か利益か——死ぬか儲かるか、という途轍（とてつ）もなく危ない世渡りをしつづけ、生き残ってきた男であった。

その秘訣を喜八郎は、

幸福を授ける神や守るらん
　自助と努力と誠意ある人

と詠んでいた（大正九年〈一九二〇〉の大倉商業学校創立二十周年記念式にのおり）。

が、一方で彼は天海僧正が徳川家康に送った書簡に、「油断大敵細事ご注意」とあったのを聞いて、「そら、その通りだ」と次の句を詠んでいる。

大業（たいぎょう）はなせぬものなり小事（しょうじ）をば
ゆるがせにしてかへり見ぬ人

生命懸けの丁半博奕（ばくち）を打ちながらも、細心の注意を払い、油断をいましめたのが、明治維新を三十歳で迎えた大倉喜八郎であった。

彼は天保八年（一八三七）九月二十四日、越後国北蒲原（きたかんばら）郡新発田（しばた）（現・新潟県新発田市）の城下町に、名主の子として生まれている。生家は代々の質屋で、喜八郎は多分に裕福な少年時代を過ごした。本人も、頭はよかったという。

ところが父母の相次ぐ他界で、喜八郎は手かせ足かせされる環境を脱し、自ら志した商人となるべく、十八歳で江戸に出ることとなる。このおり姉から、二十両もの餞別（せんべつ）金をもらったというから、現在の貨幣価値に換算すれば、ほぼ七、八十万円になろうか。

少なからぬお金を懐に、喜八郎は単身、江戸へ出た。

多くの「大倉喜八郎伝」では、この江戸出府に際して、共通の挿話（エピソード）を紹介している。

彼と同じ塾に通っていた友人の父親（町人）が、路上で目付役の藩士に出会った。

規則にしたがって父親は、路上に土下座したが、おり悪く道は雨上りで泥まみれ。その人は下駄を脱がぬまま平伏してしまい、それを咎(とが)められて、一日の閉門謹慎を命じられたというのだ。

この有様を近くで見ていた喜八郎は、武士と町人はこれほどまでに違うのか、狭い世界に暮らすのに我慢ができなくなった、と江戸行きを決心した経過を伝えていた。

とはいえ、喜八郎が江戸へ出ても、町人は町人でしかなかった。

余談ながら、江戸に出てきた喜八郎は、別項の安田善次郎（一歳年下）と知り合い、意気投合したという。もっとも、二人の見かけは対照的であった。善次郎は中肉中背に、品のよい顔立ちの二枚目。一方の喜八郎は短足の長胴で、顔はどこまでもいかつく、大きい。厚い唇が突き出ていて、その上に大あぐらをかいた鼻が乗っていた。

彼の十七歳以前の狂歌に、次のようなものがあった。

骨かくす皮には誰も迷いけれ
美男といふも皮の技なり

喜八郎は三年間を、麻布飯倉の鰹節(かつおぶし)屋の店員として働き、やがて、下谷に間口二間(約三・六メートル)の小さな乾物屋を開店、「大倉屋」を名乗って独立した。安政七年(一八六〇)のことである。

けふ(今日)よりはおぼこも雑魚(ざこ)のととまじり
やがてなりたき男一匹(自家製本『心学先哲叢集』の序文)

ここまでの経過は、別段、珍しくもなく、昨今のビジネスマンが独立開業するのと少しも変わらない。喜八郎の場合、商売の元手となったのは姉からの餞別金二十両と、働いて貯めた五両であった。しかしこの延長上に、財閥はあり得なかった。

彼の狂歌に、

世と共に進めや進め我と我が
心の駒にむちを加えて

というのがあったが、喜八郎は徐々に〝ご一新〟が近づく時勢にあって、世の中が物騒になってきたことを、肌で感じとっていた。

小商(こあきな)いの彼には、天下の情勢などわかるはずもない。この頃の喜八郎は、早朝に起きると河岸へ仕入れに行き、昼は店で商い、夜は上野広小路の、松坂屋呉服店の土蔵脇に露店を出して、一日中骨惜しみなく、一生懸命に働いていたにすぎない。ただ乾物屋の主人にしては、喜八郎は新聞をよく読み、世相を知ろうと努力していた。心中に、飛躍の商売が閃(ひらめ)いていた。彼は心中ひそかに、鉄砲商になることを考えていたようだ。

生命を資金に置き替える

後世、多くの評伝は、鉄砲の商いに転じたから、喜八郎は成功したと述べている。

だが、ここでは読者諸氏に、立ち止まって、もう少し深く洞察(どうさつ)していただきたい。

当時、鉄砲商が儲かる商売であることは、多少、目先きの利く商人であれば、誰しもが理解できたことであった。儲かることは確実である。だが、見落としてはならないのが、危険(リスク)であった。時節がら、これほど危ない商いもなかったろう。

人殺しの武器を扱うというだけで、世間の評判も決してよくはなかった。

だからこそ、誰しもが儲かる商いとは知っていながら、もたらされる数々のリスク、デメリットの大きさに、ためらって新規参入する者が少なかったのである。

乾物屋は危険もなく、世間体を気にすることもないが、反面、その業績が飛躍的に伸展することはない。喜八郎の凄さ(すご)——後世のわれわれが学ぶべきは、大きなリスクの垣根を、彼がいとも簡単に飛び越えたところにあった。喜八郎の扱った商品の善悪はともかく、この決断はまさに捨て身そのものであったといえる。

喜八郎が乾物屋から鉄砲商となったその瞬間こそ、真に彼の起業家としての人生がスタートしたといえる。以後、喜八郎の商いは、常に生命(いのち)を賭けつづけるという、異常なまでに凄(すさ)まじい修羅(しゅら)の道をたどることになる。

慶応元年(一八六五)——維新を三年後にひかえたこの年、喜八郎は開港したばかりの横浜に出かけ、港から陸揚げされる膨大な量の鉄砲を、己れの目でたしかめた。

そのうえで江戸へ戻ると、自らの乾物店を閉め、神田和泉橋通りに家を借り、ここから八丁堀の鉄砲商・小泉忠兵衛のもとへ、商売の見習いとして通いはじめる。

大胆にして小心なのが、喜八郎であった。

朝は六時に出勤、夜遅くまで鉄砲のセールスにまわっている。すべてが己れのためだと思えば、どのような辛い労働も苦にはならなかった。

四ヵ月ばかりでひととおりを学んだ喜八郎は、主人に対して、

「決して、こちらの商売の邪魔はいたしませぬ」

との一札を入れ、この年のうちに、和泉橋通りに鉄砲屋を開店する。ときに二十九歳。

つづいて、読者諸氏には立ち止まって考えていただきたいことがある。

鉄砲が儲かる商品として、それこそ生命懸けでこの商いに参入したとしても、それだけでは成功を手中にすることはできない。いかなる事業にも、元手＝資本がいるが、ほかの商品と異なり、鉄砲はこの頃、最も高価な商品であったはず。

売価も高かったが、仕入れ値も大きい。だからこそ喜八郎の主人・忠兵衛も、見習いの独立を簡単に許したのであろう。そうでなければ、鉄砲商いのノウハウを覚えて、あっさりと独立する喜八郎を、忠兵衛とて引き止めたはずだ。

では、喜八郎は元手をどうしたのか。一言でいえば、生命を仕入れ資金に置き替えたとしかいいようがなかった。

開店はしたものの、信用のない、新規の、それでいて資金に乏しい大倉屋は、店頭に西

洋のラッパや太鼓を並べていたものの、当初は実物を一挺(ちょう)も持っていなかったという。

鉄砲の注文が来ると、全財産をつぎ込み、あるいは前金を頂戴して金をかき集めて、横浜の外国商館へ自身が急行し、鉄砲を仕入れた。

客には翌日、現品を見せねば信用してもらえない。新興で小さな大倉屋にとって、信用を失うことはすべてを失うことを意味していた。夜を徹してでも、仕入れは敢行せねばならなかった。

だが、横浜への途中には、白昼ですら強盗・追いはぎの出る鈴ヶ森の刑場がある。それでなくとも物騒な時世に、大金を懐中に往来するのだ。

運悪く悪漢にでも襲われれば、商品は奪われ、大倉屋はその場で倒産となるばかりか、前金でももらっていようものなら、その返済などできるものではなかった。

下手をすれば、生命(いのち)までもとられてしまったかもしれない。

喜八郎はいわば、死と生の隣り合わせの恐怖に耐えながら、江戸と横浜を往来したことになる。それもくり返し、くり返し。この商いを得とみるか、損と感じるか。

また、割が合うか否かは、各々の意見の分かれるところであったろう。

普通は算盤(ソロバン)には合わない。だからこそ、暖簾(のれん)に誇りを持ち、資本に余裕のある商人は、この鉄砲商いに手を染めなかったし、老舗の鉄砲商は早くに店を開店休業状態にしていた。

「生命（いのち）のほかに失うものはない。この生命さえ、いつでも捨てる覚悟なら……」

喜八郎は開き直って、この危険な商売に精を出した。まさに、博奕（ばくち）であった。

ときには、現金を駕籠の天井や座布団の下にかくし、帰路は鉄砲の引き金に指をかけ、いつでも発砲可能の状態で、夜更けの鈴ヶ森を駆け抜けた。こうして彼は、わずかな期間に生命を賭（と）して財を成したのである。

戊辰戦争に生命を賭ける

慶応四年（一八六八）五月（九月七日に「明治」と改元）、江戸にはすでに官軍が入城していた。一方、上野の山に彰義隊三千人が立籠（たてこ）って、まさに開戦という前夜、喜八郎は彰義隊士によって、山内の彰義隊屯所（とんしょ）に連行される。

五月十四日の夜、彰義隊が二十人ばかり馬に乗って大倉屋を連れにきた。その前の晩には芋坂（いもさか）で鉄砲屋が二人も殺されている。戦争が間近いというので山はなんとなく殺気がみ

なぎっている。すぐに寒松院（上野東照宮の別当寺）に連れ込まれて、

「貴様は官軍へは鉄砲を売るが、彰義隊へはないといって売らない。不届き千万な奴である。証拠があがっているぞ」

と大将らしいのから怒鳴られた。一言まちがったら、今にも斬られそうな勢いである。

大倉屋は決死の覚悟で、

「官軍は金をくれるが、あなた方は品物をとって金をくれないから断った」

と商売一本槍で答えた。相手は陣羽織のようなものを着て、金屏風を後に床几に腰をかけている。大倉屋の周囲には長刀を帯びた武士が柄へ手をかけている。今やられるか今やられるかと思っていたら、案外にも折れて出て、

「金は引き換えに渡すから、ミンヘル銃というのがあるだろう。あれを三〇〇挺、三日の間にぜひとも納めてくれ」

と注文した。それは引き受けて帰ったが、次の日が戦争、持って行く必要もなくなった。

（「大倉喜八郎翁遺談」・拙著『真説　上野彰義隊』所収）

喜八郎はこの上野彰義隊戦争の当日、神田和泉橋通りの店を日本橋十軒店に移している。

前の乾物屋は借家であったが、今度の大倉屋は自前であった。

彰義隊は潰滅したが、引きつづき戊辰戦争は東日本で行われていた。西日本が比較的早く勤王→官軍化したのに対して、東日本は佐幕派の立場をとる藩が多く、官軍を認めず、激しく交戦の姿勢をとっていた。上野で敗れた彰義隊も、新撰組の残党も、奥州列藩に望みをかけて東上、転戦し、各地で官軍と戦火を交じえていたのである。

そうした戦乱の最中、喜八郎のもとに、東北地方で唯一の勤王方ともいえる津軽藩の、江戸家老・西館平馬（にしだてへいま）から、二千五百挺の鉄砲が発注される。むろん、津軽藩では大倉屋に発注するまで、より大きな一流の鉄砲商に打診したが、いずこもそのリスクの大きさに二の足を踏み、引き受けなかったのである。

津軽は本州のはるか奥地にあるばかりか、途中はすべて佐幕派の諸藩領内。しかも、冬の海は荒れるもの。加えて、津軽藩は資金に乏しく、鉄砲を青森まで運んでくれれば、蔵米一万俵を引き渡すという。鉄砲や米の、出荷や積込中に難儀が降りかかるやもしれなかった。

鉄砲の数量が多いだけに、失敗するとダメージは拭い切れない。

再起はおそらく覚束（おぼつか）ないであろうことは、誰の目にも明らかであった。この頃になると、喜八郎も鉄砲商としては少なからず信用もできてきている。断っても別段、沽券（こけん）（体面）にかかわることはなかったろう。だが、彼はこの商談を一諾した。

すぐさま大倉屋の全財産を換金すると、横浜で鉄砲を仕入れ、ドイツ商館と江戸―青森間往復の船便＝帆船を、一万両の船賃で契約。万一、米の積み込みに五日以上要すれば、一日当たり五百両のペナルティーを払う、との破天荒な約束まで交わした。

しかも、船荷に保険をかけるように、とアドバイスを受けた喜八郎は、

「これは運だめしだ」

といって断った。

難破やその他のトラブルがあれば、それは己れに運がなかったということ。これから先の人生に、さほどの成功は期待できない。かりに死んだところで、妻子もなかった。後顧の憂いはない、彼はそう語った。

船は危惧（きぐ）したとおり、大時化（しけ）のなかを奔弄（ほんろう）され、青森どころか、敵方の牙城・箱館（のちの函館）まで流され、漂着してしまう。

臨検によって船荷を調べられれば、すべてが水の泡となる。

喜八郎はドイツ人船長に、ドイツ国旗を掲げさせ、臨検を拒絶するよう指示した。

押し問答のつづくなか、喜八郎と手代三人は船底にひそんでいたが、生きた心地のしない手代たちを横目に、ひとり喜八郎は常と変わらぬ快食ぶりで、握り飯を食ったという。

一昼夜の交渉の末、船は青森へ向かったが、次には鉄砲を引き渡して米俵を積み込む段になって、トラブルが発生した。箱館に向かう官軍が、小船を片っ端から徴発していくので、積荷作業ができない。もし、契約の期限を越えれば違約金が発生する。

喜八郎は決死の覚悟を決めた。船頭や沖仲仕（おきなかし）（港湾労働者）を集めると、彼らに筒袖・股引を着用させ、刀を差させて、自らは寺の坊主から分けてもらった錦襴（きんらん）を裂いて、各々の肩に貼ると、官軍を装って小船を徴発してまわった。

むろん、発覚すれば死罪であったろう。しかし、喜八郎は生涯そうであったように、およそ死への恐怖感が、常人より薄かったようだ。

あるいは痩せ我慢がいつしか、本当に肝がすわることになったのかもしれない。

第一回外遊

——喜八郎の鉄砲商は、大きく売り上げを伸ばした。

維新を挟んで飛躍的発展を遂げた彼だが、さて次に何を商うか、発想(アイデア)に詰まった喜八郎は、明治五年(一八七二)七月、通訳を雇い、ふいにアメリカ・ヨーロッパへ旅立った。三十六歳の働き盛りが、結果的には一年半もの長期間、日本を留守にしたことになる(うち十ヵ月はロンドンに滞在)。

普通に考えれば、これは大きな損失であったろう。なにしろ、日本は急速に近代化へむかっている。その現場を離れては、いかなる商売も成り立たない。せっかく生命懸けで発展させてきた大倉屋も、ここで動きがピタリと止まってしまった。

が、いままで一か八かの賭博でやってきた喜八郎にすれば、この外遊もまた、これまでのやり方の、延長線上でしかなかったように思われる。

すでに、鉄砲で財を築く時代は過ぎていた。これに代わるものを、彼は外国で模索(もさく)していたのである。生糸はどうか、茶の輸出は……。また、日本の衣食住も遠からず欧米化していくであろうこともあわせて、新たな商売に繋(つな)がるものを見聞し、検討していた。

帰国後、喜八郎は直ちに直輸入貿易を中心に、大倉組商会を銀座二丁目に設立。翌明治七年には、ロンドンに海外支店を開設する。駐在員は二名。これは日本企業における海外支店・事務所の開設第一号となった。

蛇足ながら、出発前の明治四年、喜八郎は日本橋本町で洋服店を手がけ、多少の成功をおさめていた（二年遅れて、福沢諭吉も洋服仕立局を三田に創設している）。

「大倉組の洋服部は当時、東京でいちばんハイカラな店でした」（石黒忠悳『懐旧九十年』）

喜八郎の洋行は、前述した実務と実益以外に、間接的にもっと大きな利益を彼にもたらしていた。ロンドン滞在中に彼は、日本政府の代表団＝岩倉使節団（総勢四十八名）と、一緒になる幸運に恵まれたのである。使節団には特命全権大使の岩倉具視（四十七歳）以下、副使に大久保利通（四十二歳）、木戸孝允（三十九歳）、伊藤博文（三十一歳）といった、新政府の要人が揃っていた。

そうした彼らが喜八郎の噂を聞き、一商人ながら多額の洋行費を自弁して、商業実見にきていることを奇特と受けとめた。そして情報交換を兼ね、喜八郎を招待したのである。

とくに大久保との出会いがなければ、のちの喜八郎の事業規模は、一プラス一が二となっても、二乗、三乗的な飛躍・発展にはつながらなかったに違いない。

喜八郎の外遊は、大きな成果となってはねかえってくるが、その事業は相変わらず、危険度の高い、一面では悲壮なものであった。

おりから台湾出兵（明治七年五月～十二月）があり、大久保の主宰する政府は、軍事物資の運搬・補給と、それに従事する人夫を、一括して提供のできる業者を探していた。

しかし、台湾はいわゆる蛮地とみなされており、戦争の危険に加え、風土病などあまりにも条件が悪く、引き受ける業者が現れない。そこで大倉組商会に、お鉢がまわってきた。

三十八歳の喜八郎はこれを請け負うと、五百人の人夫とともに、自身も台湾に渡った。

代理の社員を派遣して、当然のところを喜八郎は、自らが参加したばかりか、糧食輸送の陣頭指揮を取った。輸送船は幾度も往来を繰り返したから、それだけ危険度も高かった。

事実、日本の将兵や人夫はゲリラに狙撃されたり、風土病（マラリア）で死亡する者も少なくなかった。

どうにか出兵が一段落し、大倉組商会が引き揚げる段階になって、人夫の一人が乗船に遅れたことが判明した。船はイギリス国籍であり、船長は引き返すことを条約違反として拒絶した。

すると喜八郎は、静かに船長へピストルを突きつけながら言った。

「引き返さねば、船長（あなた）を撃ち殺し、私も責任をとって自殺する」

彼はおそらく、本気であったろう。

喜八郎にとって人夫は、貴重な商品であった。どうにか無事に、長崎へ帰りついた彼には、今度は死亡した人夫の補償問題が待ち構えていた。国からは一円の補償も出ず、百五十人に及ぶ補償はことごとく、喜八郎によって支払われた。

損して得を取れ――彼は多額の出費の代償として、大久保とその政府の信頼という、無形の大きな成果を手に入れる。

毀誉褒貶（きよほうへん）に屈せず

明治八年（一八七五）、喜八郎は三十八歳にして、二十二歳年少の妻を娶（めと）った。これは楽隠居を考えてのことではない。事業欲も一層盛んとなり、翌年には躊躇（ちゅうちょ）する事業家たちを尻目に、韓国へ渡ると、日韓最初の貿易をはじめている。

明治十年の西南戦争では、大久保の期待に応えて活躍。この内戦では、別項の岩崎弥太郎についで喜八郎が儲けたという。金額は不明だが、トップの弥太郎は百四十万円の純益であったとか（現在の貨幣価値で百四十億円）。

七年後、再び海外に渡航した喜八郎は、アメリカでは日本の緑茶輸出ルートを構築すべく、各州をデモンストレーションをしてまわり、その足でヨーロッパへ――。

むこうで電気事業に注目すると、帰国後、銀座の大倉組商会の二階に輸入した発電機を設置し、二千燭光（しょくこう）のアーク燈を点灯している。

こちらも、日本最初の街灯であった。

ガス灯やランプしかなかった当時の日本では、このアーク燈は昼をもあざむくばかりと大評判となり、この年に銀座通りに開通した馬車鉄道とともに、銀座の名物となった。毎夜、見物人が群れをなし、その有様は錦絵にまで描かれている。

蛇足ながら、このアーク燈を喜八郎は購入したのではなく、売り込みに熱心であったアメリカのブラッツェ商会の、デモンストレーション用に、発電機の置き場を貸しただけのことであったらしい。実に、彼らしいしたたかな宣伝といってよい。

明治二十三年、東京－横浜間に、電話の一般使用が開始されたおり、真っ先に加入したのも大倉組商会であった。サッポロビールの前身である、大倉組札幌ビール醸造所も、新しもの好きの喜八郎には向いていたのかもしれない。

ところで、喜八郎の成功はその灰汁（あく）の強さが災いしてか、常に誹謗（ひぼう）中傷にさらされた。

明治二十七年、日清戦争が勃発。この戦争での夥（おびただ）しい軍需物資を、輸入および供給する業務の、いっさいを請け負ったのが、合名会社となっていた喜八郎の大倉組であった。

これまでの実績を評価されてのことであったろうが、反面、周囲からは業務の独占とみられ、大倉組では戦地に送る缶詰に、石塊や砂利を入れて目方をごまかしている、といった、俗にいう「石ころ缶詰」のデマまでが乱れとんだ。

この中傷がどれほど大きかったたか、のちに大倉組が台湾に進出、支店を開設したおり、喜八郎がときの台湾総督となっていた乃木希典(のぎまれすけ)に挨拶をしにいったところ、乃木は面会を拒絶して会おうとしなかった。

乃木は「石ころ缶詰」の噂(うわさ)を信じていたふしがあり、明治天皇もこのことがあったからか、終生、喜八郎には好感情を持たれなかったようだ。

それかあらぬか、喜八郎は明治帝の在位中、ついに華族の爵位に就くことができなかったという(大正四年〈一九一五〉十二月に男爵となっている)。

もっとも、彼は己れの生命を賭した事業には、大いなる自負心があったようで、なにを言われようとも馬耳東風を決め込んでいた。

「そりゃ、私と商売上の競争で負けたものが悪口を言うのでしょう。考えてごらんなさいませ。缶詰にわざわざ石を入れる馬鹿者がどこにありますか。商売というものは、誠を持っていなけりゃ繁昌するものではない。繁昌しなけりゃ金は儲からんじゃありませんか」
（野依秀市著『私の会った人物印象記』）

明治三十二年には台湾銀行設立委員に任じられ、同じ年、帝国ホテルで自身の結婚二十五周年の祝宴を開くと、喜八郎は五十万円を拠出して大倉商業学校を創設した。

この学校は、外国語の学習に重点をおき、国際的視野の日本商人の養成をめざしたもので、彼らしいのは、ただ資金を出すだけでなく、校舎の建設される土地所有者を、一軒ずつ訪問しては頭を低くし、土地の売却を要請してまわったことであったろう。

その後も喜八郎は、回収の目途が立たないから、と多くの事業者の尻ごみするなかを、対中国借款の口火を切ったり、朝鮮釜山沖の埋め立て工事に参加するなど、積極的な事業展開を行っている。その成果は、最盛期には三百社におよぶ系列会社を擁する大倉財閥として、産業界に君臨したことでも明らかとなった。

しかも、喜八郎のおもしろさは、他の財閥が資本を銀行に傾注するなかで、独自の銀行を持たず、もっぱら産業資本に注ぎ込んだことであろう。

「自分の生命は事業である。銀行業の如きは誰でも経営できる。事業を興して、国家に貢献してこそ、男子の面目というものだ」

この一代の生命(いのち)知らずは、終始、そのひたむきな姿勢を変えようとはしなかった。

昭和三年（一九二八）四月二十二日、永眠。享年、九十二。

しかし、喜八郎の類(たぐい)まれな事業欲、好奇心、生命知らずによって成長・発展した大倉財閥は、その創業者の死後、急速に振るわなくなった。

〝運〟が尽きたのか――否、その博奕を打つような商いが、大倉喜八郎にしかできなかったのだ。彼に失敗があるとすれば、前項の伊庭貞剛のように、重役合議制を確立せず、自分のスタイルを変更しないまま、その〝生〟を終えてしまったことだろう。

いずれにせよ、その生涯は凄まじいの一語に尽きた。誰も真似のしようのない、真似する者もない、生涯であったといえる。

第三章

先見力

未来構造を仕入れて具体化した地下浪人の子

岩崎弥太郎

絶望的な人生のスタート

人生は残念ながら、トラック競技ではない。

同じスタートラインから、同一ルールに則って、同じ目的に向かって走る——そのようなことは元来、あり得ない。つまり、もともと人生とは不公平なものであった。

スタートラインもバラバラならば、ゴールも各々、異なっている。

したがって、他人と自分を比較して、その格差を考えたり嘆いてもしかたがなかった。

けれども、人は皆、スタートラインにおける格差を嘆き、苦情（不平・不満）を口にす

る。そして、逆境や苦境に直面すると、己れを哀惜(あいせき)して（悲しみおしみ）、心が折れた自身を抱きしめ、敗北を噛みしめて、自らを慰め、不完全燃焼の火を消してしまう。

ところが歴史上には、己れの生まれ落ちた環境に、どこまでも納得せず、捨て身で脱出、向上を一心不乱に試みて、ついには成功した人物がいた。

たとえば、わが国最大・最強の企業集団(グループ)の一つとされる、〝三菱〟を一代で創業した岩崎弥太郎(いわさきやたろう)がその好例といえようか。

「運命は我々の行為の半分を支配し、他の半分を我々自身にゆだねる」

といったのは、イタリア・フィレンツェの外交官であり、政治思想家でもあったマキャベリの『君主論』だが、岩崎弥太郎の生まれ落ちた環境は、最悪といってよかった。

江戸時代の土佐藩（現・高知県）山内家二十万二千六百石余に、

「地下浪人」
と呼ばれる、独特の身分制度があった。

これは武士であって武士でなく、しかしながら農・工・商の階層にも属し得ない。

いわば、哺乳類と鳥類の間で苦悶する、蝙蝠のような存在であったといえる。

徳川の幕藩体制下において、土佐藩は三百諸侯の中でも、身分制度の喧しい国柄で知られていた。戦国時代に四国で覇を唱えながら、関ヶ原の戦いで不戦敗した長宗我部氏の旧臣、つまり、野にくだった武士の子孫＝郷士と、藩祖・山内一豊に率いられて土佐へ入封した山内家の家臣＝藩士（上士）との間には、厳格な秩序を定めた藩法が幾重にも張りめぐらされていた。

たとえば、両者は決して同席できなかったし、雨の日など、藩士は下駄を履くことが許されたが、同じ武士とはいえ、郷士は跣で歩かねばならなかった。

もとより郷士には、藩政に参加できる資格がない。それどころか、路上で藩士とすれ違うときは、農・工・商と同様に、土下座しなければならなかった。

藩士に無礼討ちにされても、郷士は訴えることも許されなかったという。

ところが「地下浪人」は、この冷遇されていた郷士より、なお一段軽格の、下位に位置づけられていた。なにしろ「地下浪人」は、郷士の株を売却した元郷士のことを指し、苗字帯刀はお目こぼしで許されてはいたものの、他の武士の持ついかなる特権も有さない、実に哀れな人々であった。

郷士は藩士から受ける屈辱の憂さ晴らしに、不平・不満の捌口（はけぐち）を、自分たちより下級の「地下浪人」に向けた。封建制の悪しきところが、集約されていた観（かん）がなくもない。

郷士のささやかな株を売るほどだから、「地下浪人」はその日を糊塗（こと）する（その場しのぎにとりつくろう）のも困難な、極貧層であったともいえる。口の悪い郷士は、

「貧乏神が、両刀を差して歩いている」

と陰口をたたいたほどであった。

藩士ではないから、出世の望みはない。郷士でもないから、日常生活の安定・充足もない。「地下浪人」の行き着くところは、虚勢か諦観（ていかん）かのいずれでしかなかった。

彼らの多くは、気位だけは高かったが、その己れの置かれた劣悪な環境をどうすることもできない、苦情の中に沈んでいた。

岩崎弥太郎は天保五年（一八三四）十二月十一日、この「地下浪人」の家の長男として生まれている。この事実は、そのふてぶてしい彼の人生をみるとき、看過できない重大要

件であった。常にあたりを睥睨（へいげい）しているような、あの弥太郎の土佐犬のような、傲岸不屈（ごうがんふくつ）の風貌は、この出身以外からは生まれにくかったに違いない。にもかかわらず、後年とはいえ、弥太郎は財閥を創業した。なぜ、彼は成功者となり得たのか。

負け犬になりたくない――わが身に振りかかる屈辱の思いや貧困の嘆きに、彼は必死の抵抗を試み、虚勢をはりつづけた。

実はその性根こそが、〝三菱〟を創り上げる原動力になった、と筆者はみている。

這（は）い上がる

――失礼ながら、弥太郎の父は〝甲斐性（かいしょう）なし〟〝穀潰（ごくつぶし）〟の見本のような男であった。労働を厭（いと）い、わずかな手間賃でも手にすると、日中から酒を飲み、酔って人と口論しては大言壮語を吐く。典型的な、村落の嫌われ者であった。

もし、弥太郎に現状脱出への、凄じいまでの強い志がなければ、おそらく彼は性格的には酷似する父同様の「地下浪人」として、悲嘆にくれる生涯をたどっていたに相違ない。

母の実家が、町医者であったのがわずかに幸いした。弥太郎は母方の祖父や伯母の夫・

岡本寧浦（おかもとねいほ）に、学問の手ほどきをうけている。

当時、身分や門地を越えて世に出るには、武芸か学問か――この二者択一に拠るより方法はなかった。人一倍、負けん気と向学心の強かった弥太郎は、二者のうち後者の道を採ったが、だからといって彼に、「神童」とか「秀才」といった評価は記録されておらず、おそらくその学問も、剣術と比べて幾分かまし、といった程度のものであったろう。

ただ、弥太郎は目先だけは抜群に利いた。

土佐の田舎ではうだつがあがらない、江戸へ出さえすれば、それだけで箔（はく）がつく。思い込むと、彼の行動は逞（たくま）しい。あらゆる伝手（つて）を頼って、奥宮慥斎（おくみやぞうさい）という儒学者の従僕となり、ついに憧憬（しょうけい）の江戸へ出ることに成功する。安政元年（一八五四）のことであった。

この前年、ペリーが〝黒船〟四隻を率いて来航している。日本は動乱の時代に突入していたが、一介の「地下浪人」の小倅（こせがれ）には、世間が大きく転換しつつあることなど、対象が過大すぎて、目先を利かせる術（すべ）もなかったろう。ときに弥太郎は、二十一歳。

翌年、幕府の学問所・昌平黌（しょうへいこう）の教授でもあった安積艮斎（あさかごんさい）の見山塾（けんさんじゅく）（見山楼（けんざんろう））へ入門。この艮斎は昌平黌の儒官であったから、弥太郎は当代一流の師についたことになる。

ところが、これから必死に学問へ喰らいつこうとした矢先、彼は生涯最初の難題に直面する。父・弥次郎の奇禍であった。事件そのものは、実に他愛ない。

いつもの通り、酔った勢いで弥次郎が、悪口雑言を庄屋に浴びせたところ、頭にきた村人たちが、泥酔(でいすい)した弥次郎を半死半生になるまで殴りつけた。担がれて家にたどり着いた弥次郎だったが、そのまま引き下がるような男ではない。庄屋の不当を郡代役所に訴え出た。が、逆に訴えた弥次郎は、誣告(ぶこく)の罪で牢屋に入れられてしまう。

――ここで弥太郎は、人生の岐路に立つ。

父の現状を無視して学問をつづけるか、それとも……。家族を唯一の、心のよりどころとしていた弥太郎は、せっかくの江戸留学をわずか十ヵ月余りで中断。普通なら十二、三日かかる東海道を、怒りに燃えて八日で駆け抜け、大坂から船で阿波へ渡り、路用の銀を使い果たすと、乞食(こつじき)を重ねて、なんと江戸から二百余里の行程を、わずか十六日で踏破した。通常ならば、倍はかかったであろう。

そこまでして帰国した彼だったが、父の冤(むじつ)を主張したものの、今度は仮出牢となった父と入れ替わりに、投獄されてしまう。郡代役所の近くに、

「水急ナレバ魚住マズ　政治苛(か)ナレバ人就(つ)カズ」

と書いた紙片を貼付(ちょうふ)し、さらに役所の門柱を削って、

「官ハ賄賂ヲモッテ成シ　獄ハ愛憎ヲモッテ決シ」

などと大書したため、藩庁は侮辱されたと怒り、弥太郎を捕縛したのであった。

普通の人間ならば、己れの身に降りかかった不平・不満を嘆き、憤って、牢中生活をすごすに違いなかったが、彼は普通ではなかった。

入牢中の樵から、商い算用の道を学んだという。その樵は、藩の専売品である木材を、ひそかに伐採して売却したため、罪に問われていた。

弥太郎にすれば、「地下浪人」の子ゆえの苦悩を募らせていたおりである。ここで樵が算術と商売を語ったことで、これまでに触れたことのない価値観を持つにいたった。

「もしかすると、この世の中は金で動いているのではあるまいか」

生まれついての境遇＝苦難に培われた弥太郎の性根に、この時はじめて目的意識らしきものが目覚めた。一ヵ年の後、彼は出獄を許されたものの、お目こぼしの苗字帯刀を剥奪され、「雁切川東四ヵ村禁足」の処分をうけて、鴨田村（現・高知市）へ引籠る。

細々と寺小屋の師匠をしながら、弥太郎は江戸留学に代わる現状脱出の、次なる糸口を、土佐藩参政の要職にあった吉田東洋に求めた。いかなる逆境にあっても、這い上がろうとする性癖を捨てないのが、この男の真骨頂であった。

失意が連続する二十代、三十代

弥太郎が目をつけた東洋は、不世出の偉人であった。

土佐藩主・山内豊信（容堂）の信頼も厚く、天保十二年（一八四一）、二十六歳で船奉行に抜擢されてから、大目付、仕置役（参政）へと昇格。実質的には、土佐藩の宰相となった人物である。

安政四年（一八五七）＝弥太郎が注目していた頃、東洋は酒の席で藩主一族の者の無礼を憤り、これを懲らしめたのが原因で、一時失脚し、家禄を取り上げられて流謫の生活を余儀なくされていた。

が、東洋本人は捲土重来を期しており、家塾「少林塾」を主催。厳格な入門制限＝少数精鋭主義をもって、英才教育を施し、次代の藩政運営者の育成に躍起となっていた。

事実、教え子たちはやがて藩政をリードし、多くは明治の政官界に生き残っている。

弥太郎は、東洋の返り咲くのを見越していたようだが、東洋へ直接売り込むルートなど、「地下浪人」の子にはなかった。そこで弥太郎は、伝手を頼って東洋の義理の甥でもある、門下の後藤象二郎に接近し、ある日、象二郎に代わって見事な経済論を草した。

東洋は、その傑出した論文を読んで舌を巻き、象二郎を問いつめた結果、ここではじめて弥太郎の名前を知る。本来なら雲の上の人である東洋の、門下の末端に、弥太郎は連なることを許された。一つ、道が開けた。

ひとたび狙いをつけると、とことん粘り、ついには所期の目的を達成する。

いかにも無愛想を絵に描いたような面（つら）つきの、弥太郎らしいしたたかさであった。

ほどなく東洋は参政に復帰し、藩の権力を握るや、土佐藩はにわかに「富国強兵」「殖産興業」をスローガンとして、めざましい躍進を開始する。

彼は有能な配下を徹底して庇護し、慈愛をもって大切にした。

東洋は貴族意識の強烈な男であったが、それでも弥太郎のような「地下浪人」の身分すら剥奪された男を引き立て、旧身分を回復してやり、郷士にまで引き上げてやっている。

弥太郎は東洋に恩を感じ、下横目（したよこめ）という岡っ引きまがいの最下層の役を、彼なりに一生懸命につとめたが、その東洋は文久二年（一八六二）四月、弥太郎が二十九歳のときに暗殺されてしまう。弥太郎は東洋暗殺の下手人探索に京へ赴くが、土佐勤王党の武市半平太ら東洋暗殺の首謀者たちの妨害にあい、途中で断念。帰国している。

学問の道に挫折し、東洋の死で再び前途を閉ざされた弥太郎は、この年の二月、結婚したばかりの妻・喜勢子をともない、今度こそ武士を捨て、商人として世に立とうと考えるが、両刀を捨て、算盤を手にはじめた木材商は、運転資金に窮して失敗に終わった。東洋横死の三年前——長崎への出張を命ぜられた弥太郎は、物産の市場調査に当たる中で、蒸気船や外国人と接して、長崎という自由都市ではすでに、身分制度が崩れはじめ、貿易に従事する商人が武士を見下し、羽振りをきかせていることを知る。

「時勢は利によって動いている。やはり、武士を捨てるべきだ」

弥太郎はこのとき、己れの進む方向を決意したと言っていい。そのためでもなかろうが、彼は半年足らずの間に、公金三百両余を交際費に使い果してしまった。

弥太郎なりに、周囲に気に入られようと努力したのであろうが、少しやり方が逸脱しすぎた。さしもの彼も、使った金額の大きさに驚き、藩庁に届け出る一方、自身も穴埋めの金策に走りまわったが、容易に埋まる金額ではない。結局は職を解かれ、郷士の身分を取り上げられてしまった。そのため木材商をはじめたのだが、まもなく、失敗に終わる。

どこがまずかったのか、弥太郎は猛省した。己れに潤沢(じゅんたく)な運転資金がなかったことが、そもそもの失敗と分析した彼は、やはり大きな力——弥太郎の場合は土佐藩を背景(バック)にするのが得策だ、と思いいたった。藩を利用するには、〝身分〟がいる。彼は他家の郷士株を購入して、時節の到来を待った。多くの人は、この〝待ち〟ができない。

焦って動き、気力が空回りして、また失敗を重ね、やがて無気力状態に陥ってしまう。

慶応二年（一八六六）、郷里に逼塞していた弥太郎を、およそ縁のなかった世上の〝風雲〟が、再び世に送り出してくれた。東洋の後継者となり、反対派＝土佐勤王党を一掃した後藤象二郎が、参政にあがるに及び、かつての同門の誼で手を差しのべてくれたのである。

弥太郎は、土佐藩が創設した藩直営商館「開成館」の仕事に従事した。開成館は、土佐藩の専売である紙・砂糖・鰹節などを、大坂・長崎へ輸出・販売して得た金を「貨殖」し、軍資金として貯え、軍艦や大砲などの武器の輸入に充当するというものであった。

そのほか、埋蔵資源を探索・開発する鉱山局。鯨をとる捕鯨部門、西洋医学を研究する部門、海軍局といったものまで付属していた。総合商社といってよい。

弥太郎は貨殖局の下役として勤務したのだが、あまりにも身分が低すぎて、なにほどの発言権もなく、思うような仕事ができなかった。

「此ノ如キハ恰モ小鳥ノ飼摺鉢ヲ捏ネ廻スガ如キモノ、果シテ何事ヲカ成就シ得ンヤ」

自嘲のあげく、まもなく職を辞してしまう。

坂本龍馬に学んだこと、学ばなかったこと

しかし、この退職は弥太郎得意の戦法であったような気がする。

なぜならば、彼が辞めて程なく、「開成館」は資金繰りに行き詰まってしまったからだ。

土佐藩では、その打開策として藩札（藩内のみ通用の紙幣）を濫発したが、これがさらに追い打ちをかけて流通経済を破綻させた。

膨大な額となった藩札は、物価騰貴を惹起し、土佐藩を大混乱に落とし込む。

「阿房館（あほうかん）」

と領民たちにさえ、「開成館」は蔑（さげす）まれるようになった。

加えて、出先機関の長崎および大坂の「土佐商館」が、機能麻痺を起こしてしまう。

とくに長崎土佐商会では、ドイツの商社「キプネス商会」より、土佐特産の樟脳（しょうのう）を抵当として三万両を借り入れ、その金でエンピール銃一千挺を購入契約を結んだのだが、単価が三十両と高くつき、その支払いができずに交渉も滞る有様となっていた。

土佐藩の経営は、完全に暗礁に乗り上げてしまう。

この切迫した状況を打開できるのは、岩崎弥太郎しかいない——亡き吉田東洋とは違っ

て、理財の概念に乏しい象二郎はわが身の保身もあり、懸命に奔走した。再び弥太郎に、長崎下向が命ぜられる。ただし、今度は全権を委任された責任者としてであった。

弥太郎は「新留守居組」に昇格した。これは幕末の切迫した時勢に、新たに誕生した家格であり、藩士の末端に位置するものであった。身分制度のきびしい土佐藩においては、一面、驚天動地の大抜擢ともいえた。「地下浪人」の出身者が維新の動乱のおかげで、夢想だにしなかった藩士にのぼり得たのであるから。

しかも弥太郎は、長崎滞在中に坂本龍馬と土佐海援隊を知った。これはのちの〝三菱〟にとって、はかりしれない利益をもたらしたといえる。

――坂本龍馬は、幕末の志士として著名である。

彼の坂本家は、弥太郎の岩崎家とは逆に、曾祖父の代に郷士の株を手に入れた新興商人の出で、母体の才谷屋（さいたにや）は質屋と酒造業を手広くやっていた、藩屈指の豪商であった。

龍馬は西洋流砲術修行（剣術修行ではない）のため、早くから江戸留学を経験。その後、土佐を脱藩して幕臣・勝海舟の弟子となり、海外事情、航海術を学ぶ好運に恵まれた。

弥太郎が試行錯誤をくり返している時、龍馬は「亀山社中」という海軍・海運の会社を薩摩藩の援助で組織し、長崎を本拠に海軍の建設と、そのための海運業を推進していた。

本来、彼と弥太郎（後藤象二郎も）は、いわば仇敵の間柄であったといってよい。龍馬は土佐勤王党の党員であり、首領の武市半平太の仲間であった。武市は吉田東洋を暗殺すべく指令を出した張本人であり、龍馬はその暗殺に巻き込まれることを嫌って脱藩したが、一時は藩政を動かした武市も、移り行く時勢の中、ついには獄死。彼を殺したのは、東洋の後継者となった後藤象二郎であった。

したがって、後藤の下に連らなる弥太郎は、いわば龍馬とは宿敵も同然の仲となる。本来なら、行動をともにすることなど考えられなかったが、両者は互いの利害で折り合った。運転資金に困っていた亀山社中は、土佐藩の薩長同盟への仲介を条件に、藩から一万五百両の融通を受け、新たに「土佐海援隊」として会社を再編したのである。

弥太郎は、この海援隊の会計を兼任することとなった。

> 四月十九日（慶応三年〈一八六七〉）曇。後藤（象二郎）参政曰、才谷社中（土佐海援隊）含て十六人、毎人月金五円（両）を乞ふ、今日大洲舟将発帆（出航）、先づ金百円を才谷（才谷梅太郎・龍馬の変名）へ与へよ。（『岩崎弥太郎日記』）

亀山社中のおり、社員は龍馬も含め一律三両分の月給であったが、土佐海援隊になって五両に増えた。龍馬と弥太郎の関係は、概ね良好なものであったようだ。

酒好きの弥太郎は盃を交わしながら、徐々に龍馬に魅了されていく。

午後、坂本良馬（龍馬）来置酒（酒宴）、従容談心（心を開いて語り合う）の事、兼而余素心（かねがね心に抱いている）の所在を談候処、坂本抵掌善称。（同右、慶応三年六月三日付）

打ち解けた弥太郎は、この一歳年下の社中の先輩に、海運について学ぼうとした。

「一国の近代化は、その端緒における強大な海運業の発展と相表裏する」

といった重商主義や海外知識、および未来構想を仕入れたが、やがてそれらが弥太郎という生身によって具体化されるとは、さしもの龍馬も考え及ばなかったに相違ない。

「三字（時）比坂本良馬来談、〈中略〉相伴上嘉満楼、置酒久之回」（八月晦日）

弥太郎と龍馬は度々、酒を酌み交わしている。二人の親密度は増していた。

「二字（時）此出帆なり。余（弥太郎）、及一同送之、余不覚流涕数行」

龍馬とのしばしの別れに、あの弥太郎が意外にも涙を流したという。

よほどの感化を受けたのであろうが、弥太郎はそれでも龍馬の、私設海軍建設のための海運計画（プラン）から、海軍そのものを抹消する。

〝三菱〟誕生

龍馬は維新回天の直前、慶応三年十一月十五日に暗殺されている。享年三十三。

この時期、弥太郎は長崎から大坂に移管された土佐商会にあって、ひとり黙々と海運のみを手がけていた。

やがて明治維新を挟んで、明治三年（一八七〇）九月、「大阪土佐商会」が名目上解散し、「土佐開成社」が設立されると、弥太郎はこの経営に〝土佐屋善兵衛〟と称してあたることに。このとき彼は、土佐藩権少参事（藩内四番目の役職）となっていた。

もっとも、この考えられない栄達、出世は、土佐藩の〝負の遺産〟すべてを、身一つで引き受けることによって、贖（あがな）われた代償でもあった。

同年十月に「土佐開成社」は「九十九（つくも）商会」と改称、現在も〝三菱〟の商標である菱形紋様が、このときはじめて登場した。この紋様は岩崎家の紋所である三階菱（さんがいびし）と、藩主山内家の三葉柏（みつばかしわ）を、組み合わせたものといわれているが、幕末以来、官に寄り添う路線を指向してきた弥太郎の、考え方を暗示しているかのようで興味深い。

彼は藩財政の救済に奔走しながら、後藤象二郎など藩閥官僚とは緊密に連繫をとり、他方では東京・大阪・神戸間の回漕運輸業を営んだ。ついで、外債四万両を土佐藩にかわって肩がわりする条件で、汽船二隻を私有する。

もし、この肩がわりに失敗していれば、のちの〝三菱〟は誕生しなかったであろう。彼はこれまでの己れの失敗に学び、〝寄らば大樹のかげ〟でこの最大の苦境を乗り切った。

明治五年、「九十九商会」を、「三ツ川商会」に改称。弥太郎は「廃藩置県」の混乱に乗じ、独自の地歩固めに種々の払い下げを受け、翌年三月、「三菱商会」の看板を掲げ、高らかに独立宣言を発した。

彼はかつての土佐藩に代わる新政府のなかから、新生〝三菱〟の保護者として、薩摩藩出身の宰相・大久保利通に接近する。明治七年、肥前佐賀藩出身の江藤新平らによる「佐賀の乱」、それにつづいた政府内薩摩藩閥主導の「台湾出兵」が勃発（ぼっぱつ）すると、〝三井〟が長州藩閥を推して消極的な対応をしたのに対して、弥太郎は徹底して大久保を擁護した。

その見返りとして大久保は、〝三菱〟を国家として育成する方針を立て、弥太郎はその恩恵により、〝三菱〟は海運において日本近海を制することとなる。

その途次、明治五年八月には、〝三井〟と長州藩出身の井上馨、彼と仲のよかった旧幕臣の渋沢栄一らの設立した、半官半民の「日本国郵便蒸気船会社」が〝三菱〟に対抗し、これを倒して日本の海運業を独占すべく、挑んできたことがあった。

政府の援助を得た豊かな資本力を背景に、「日本国郵便蒸気船会社」が運賃値下げを断行したとき、多くの中小海運業者が没落する中で、〝三菱〟（当時の三ツ川商会）はこれに耐え、むしろ迎え討っている。「三菱商会」、「三菱汽船会社」と社名を変えながら、弥太郎は「日本国郵便蒸気船会社」につづいて、「太平洋郵船会社」（アメリカ）、「彼阿汽船会社」（イギリス）との、相次ぐ運賃切り下げ競争を、徹底して戦い抜き、競争相手を屈伏させ、敗者の船や人材を貪欲に吸収、買収することにも成功していた。

そして明治十年の西南戦争においては、

「西南ノ役は、三菱の向背によって成否が決定する」

とまで、世上に重要視されるまでとなった。

事実、弥太郎の三菱船団によって政府軍は、将兵、軍馬、軍需品の輸送力を高め、当初、優勢が伝えられた西郷隆盛率いる薩軍に圧勝した。

この年の暮れ、〝三菱〟は汽船六十一隻、三万五千四百六十四トンを所有し、全国汽船総トン数の七十三パーセントを占め、日本の海運業を一手に掌握するまでになる。

明治十八年二月七日、岩崎弥太郎はこの世を去っている。享年は五十二であった。父同様に「斗酒なお辞せず」の酒徒であったことが、弱っていた体に禍し、新たに出現した「共同運輸会社」との対決が、その死期を早めたようだ。

死の直前、弥太郎は夫人と長男の久弥、弟の弥之助を枕元に呼びよせ、

「汝等は吾が無き後は、弥之助を以て吾と思ひ之に事へよ。弥之助も亦吾に代りて万事を宰し、殊に吾が使ひたる雇人は、吾死後と雖も旧の如くに之を使用せよ。其外遺すべき辞なし」（弘松宣枝著『岩崎弥太郎』）

と言い、しばらくしてなお、

「吾が使ひたる雇人は旧の如く使い呉れよ」（同上）

と言い直して、弥之助に念を押し、臨終を迎えたという。

負の遺産を受け継ぎながら世界の潮流を読み〝三菱〟を再編した
岩崎弥之助

絶体絶命の相続

作家・山本周五郎の名作小説『樅ノ木は残った』に、次のセリフがある。

「この世はなにもかも闘いだ、相手をたたきふせるか自分がたたきふせられるか、どちらか一つだ、自分を信じ、自分を強くしろ、世評などに惑わされて人を信ずるのは、それだけですでに敗北者だ、しっかりしろ」

このくだりを読んだとき、筆者は前項の岩崎弥太郎を思い浮かべた。

土佐の闘鶏、土佐犬そのもののような彼の気性は、なるほど挫折、失意、逆境には強かった。意欲を失わずに、これでもか、これでもか、と向かってくる敵や難問に対して、彼は挑みつづけ、戦い抜いた。

その結果が、日本一の〝海運王〟となったことはいうまでもない。

また、鉱山経営や海運業の関連業務である為替・海上保険・倉庫業も、弥太郎は手広くてがけ、多角経営をはかり、各々を軌道にのせつつあった。

ところが〝三菱〟は、最悪のタイミングで総帥弥太郎を失っていたのである。

――「共同運輸会社」との死闘が、この時、つづいていた。

ことの発端は、弥太郎にとって最大にして最強の、政府内庇護(ひご)者である大久保利通が、明治十一年(一八七八)五月十四日に暗殺されたことに始まった。彼の享年は、四十九。

この時、大久保の政府における後継候補は二人――肥前佐賀藩出身の大隈重信と長州藩出身の伊藤博文であった。

個人の学識、新政府への貢献度、業績、あらゆる面で大隈の方が伊藤より上だ、と多くの人々は思っていた。弥太郎もそう考え、大隈に急接近したのだが……。

最初はよかった。翌十一年の夏には福沢諭吉を加えて、大隈と弥太郎は横浜正金銀行を設立したこともある。だが、〝明治十四年の政変〟により、同年十月十二日に大隈は失脚してしまう。ここに弥太郎＝〝三菱〟は、政府内における後ろ盾を完全に失ってしまった。

加えて、大隈を失脚させた伊藤首班の薩長二大藩閥（大久保の死後、合流）は、福沢と弥太郎を自分たちの敵と見なした。

農商務省（ときの「卿(トップ)」は、薩摩の西郷従道、大輔＝次官は長州の品川弥二郎）は〝三菱〟の営業を海上輸送にのみ限定し、商品の売買を禁止する命令書をつきつける。

そこへさらに渋沢栄一、大倉喜八郎らが手を結び、〝三井〟も荷担して、政府出資の〝三菱〟つぶしが画策される。これほど露骨な、政府による一私企業への弾圧も珍しい。

――「共同運輸会社」の創設であった。

弥太郎は、かつて政府から借用したままの未払金を一括返済し、社員一同へ奮起を促す「諭達(ゆたつ)」（お触れ）を行うと、〝三菱〟の命運を賭(か)けてこの戦い＝「共同運輸会社」との競争に、全身全霊を傾けて突入した。

むろん、彼は妥協しない。勝つか負けるか——二つに一つである。

運賃のダンピング、輸送時間の短縮＝スピードアップなど、華々しい競争と駆け引きの裏側で、弥太郎は「共同運輸会社」の株を買い占める戦術も行っていた。彼は同じ手口で長崎造船所、兵庫造船所を〝三菱〟の所有に帰したこともある。

だが、約三年に及ぶ両者の死闘はいまだ決着をみず、弥太郎は激烈な闘志と憤懣やるかたないまま、その波瀾に富んだ人生を閉じてしまう。

この時、彼の長男久弥は二十一歳でしかなかった。敵の背後には〝三井〟があり、さらに藩閥政府がひかえている。とても、二十一歳の若者に対抗できるはずもない。

後を託されたのは、三十五歳の弥之助であった。しかし彼は、すぐには独自の路線＝方向転換を打ち出さなかった。否、打ち出せなかったのである。

二年九ヵ月に及ぶ「共同運輸会社」との競争は、結果的に双方の輸送・運搬の質を低下させ、速力を競うことから、衝突事故も多発していた。

正直、弥之助はこの不毛な戦いから、直にでも手をひきたかったに相違ない。

このまま競争がつづけば、資金力に勝る共同運輸が勝利することも見えている。

だが、ここで弥之助が矛を収めて手打ちを行えば、〝三菱〟は瞬時に空中分解してしまう。なにしろ従業員の大半は、先代・岩崎弥太郎の弔い合戦のつもりで戦っていた。

当時の監督官庁・農商務省を代表する西郷従道（農商務卿）に、〝三菱〟が国賊扱いされた時、弥太郎は机を叩いていっていったものだ。

「よろしい、政府がここまで三菱を追いつめるならば、全汽船を遠州灘に集めて焼き払い、潔く、わが社を滅亡せしめよう」

弥太郎の激越な闘志が、〝三菱〟をいやがうえにも燃えあがらせていた。

そのカリスマが没して十一日後、弥之助は正式に〝三菱〟の社長となった。

就任に際して彼はまず、集まった社員に告げる。

「亡き兄の遺志を継ぎ、今までどおり海運を拡張していく」

社員はどよめき、闘志に沸きかえった。

が、発言者は威勢よくはあったろうが、その実、心中ではさぞかし悲嘆に暮れていたであろう。弥之助は経営者としての「責任の重さ」に、押し潰されそうになっていた。

損害（ダメージ）の回復を待つときの方策

なにしろ、戦っている相手の背後には政府がついている。

しかも〝三菱〟は、その政府から借り入れた汽船の購入代金など、六十三万円（今日の三十一億五千万円相当）の借金があった。弥之助の負うべきリスク、加わってくるプレッシャーは膨大であった。

しかし、トップは組織構成員に、自らの姿勢を示しつづけねばならない。

弥之助は借金を一気に返済し、「共同運輸会社」との戦いを前提に、社長以下の高給取りの一割ないし三割減俸を実施する。戦闘姿勢（ファイティングポーズ）をとりながら、その一方で秘かに打開策、和解の方法をさぐり、政府内の土佐藩出身者に働きかけ、両者の合併を画策した。

唯一、弥之助に幸いしたのは、この度の競争＝戦いを、彼自身は傍観（そばから見ること）のできた点であった。徹頭徹尾の当事者は、兄の弥太郎であったはず。

もしかしたなら、この負けん気の強い創業者も、自らの失敗＝敵が強すぎるということに、途中から気づいていたかもしれない。しかし、すでに和解は手遅れと内心、観念しており、深刻な損害（ダメージ）を受けている現状から、脱け出すことができなくなっていたのかも。

これは失敗を潔く認めた場合においても同じだが、大きな衝撃（ショック）、損害（ダメージ）を受けると、人は心の中に大穴が空いたような状態となり、いかに過剰演技（オーバーアクション）をしてみても、その大きな穴からエネルギーが漏れ出てしまうものだ。

重要なのは、すみやかに戦線を離脱して、まずは傷口をふさがなければならない。そうしなければ真にエネルギーの回復はなく、感情論ではない冷静な判断力が甦（よみがえ）ってこない。

もし、弥太郎の方針のまま、この勝負をつづけていれば、弥之助はやがて焦ってカラまわりした頭で考え、さらに深傷（ふかで）を負い、〝三菱〟は典型的な悪循環＝負の渦（スパイラル）に巻き込まれて、自滅の道を選択し、ついには費（つい）え去った（乏しく消える）可能性が高かった。

弥太郎ほどの尋常ならざる闘魂を持っていても、劣勢に立たされ、それが長期化すると、とても正しい判断ができるものではない。

一番大切なことは、彼が生涯、認めることのなかった、「自分は弱い」「完全無欠ではない」「力ずくで押し切れないこともある」といったことを承認することであった。

――窮地に追いつめられ、自分の本心を偽ってはならない。

「害をなすのは、心を素通りする虚偽ではなく、心の中に沈んで居すわる虚偽である」

（哲学者フランシス・ベーコン著『随筆集』）

その点、弥之助は第三者的立場にたっていたため、弥太郎よりは冷静でいられた。

弥之助が、対決の引き金をひいたわけではない。このとき、彼の妻・早苗の父である――かつては弥之助の上司であった――後藤象二郎は西郷隆盛らと連袂辞職して参議をやめ、在野にあったが、その発言力はいまだ政府内に残る土佐閥に通用していたようだ。

佐々木高行、福岡孝弟、土方久元、田中光顕ら土佐閥の参議が、弥之助の和平工作に荷担した。ただ、弥之助が立派だったのは、自らの企てを政府に泣きつくような形では、決して進めなかった点にあった。

このおり、農商務卿・西郷従道にあてた「上申書」の中で、弥之助はこれまでの兄・弥太郎の活躍を堂々と述べたあとで、次のように書いている。

〈前略〉拮据勉励罷在候中、共同運輸会社の設立ありて俄かに船舶の数を増加し、運輸物産との権衡（つりあい）を失ひ、両社の収支相償はざる所より、遂に双方の競争を牽き起し、損害日に益々甚しく、其困難は実に名状すべからざるの極度に達し、本邦海運の全体は殆んど土崩瓦解の勢に立ち至り候。若し今にして之を救済せず、此の儘に放棄し置かば、外船（外国船）必ず其機に乗じて我が沿海に闖入し、政府より巨万の大金を費して多年御保護有レ之候沿海の航権も、遂に外船の手に帰し可レ申かと悲痛慨歎の至に堪へず候。

（前ページの上申書は、筆者が適宜、常用漢字、現代仮名遣いに改めた）

――弥之助は断ずる。

「今日我が邦海運の有様は、此の儘に放棄し置かば到底廃滅に帰するの外これある可からず」

と。和解＝両社合併は、日本国のためだと彼は主張した。そのうえで、弥之助はいう。

> 両社合併の御廟議御決定相成り候上は、たとひ三菱の旗號（旗じるし）は倒れ、内外人に対する名誉上実に忍ぶべからざるの事情これあるとも、国家の大計と公議の如何によりては、弥之助等此の事業に従事すると否とを論ぜず、勉めて政府の御趣意を貫徹せしめ候様仕るべく、決して頑陋（かたくなで愚かな）執拗、私心を主張し以て我が国海運の全体をして瓦解に至らしめ候様の議は仕る間敷候。

実に、堂々たるものであった。

この大義名分は、政府を動かさざるを得ないものであった、といえる。

明治十八年（一八八五）四月九日、政府は「共同運輸会社」の社長・伊藤雋吉、副社長・遠武秀行の退任を命じ、代って兵庫県令・森岡昌純を農商務少輔に任じて、在官のまま共同運輸の社長に据えた。

反撃の勝算は事前準備にあり

こうして外堀が埋まると、まず、敵方の外務大臣・井上馨が折れた。

七月二十七日、彼は官邸に「共同運輸会社」の重役・渋沢喜作（栄一の従兄弟）、益田孝（三井物産創業者）ほか三名を呼び、両社の合併を諭示した。重役たちは徹底抗戦派であったが、井上に説得されて、ついには〝三菱〟打倒の旗をおろした。

共同運輸側は、合併そのものを自分たちの勝利と考えたかもしれない。

同年八月十五日の、「共同運輸会社」の株主総会は大荒れとなったが、両社はここに合併をみ、新生「日本郵船会社」が設立される（今日の日本郵船株式会社である）。

社長は旧共同運輸の社長・森岡昌純が横すべりし、〝三菱〟からは管事の荘田平五郎が理事に入った。荘田は慶應義塾を出たインテリで、明治八年に〝三菱〟へ入社した人物。

従業員としては、高等教育を受けた「学者書生流(ながれ)」(岩崎弥太郎の評)の第一号であった。荘田の妻・田鶴は、弥太郎の妹の長女である。その立場は〝三菱〟の重鎮といってよかったろう。

さて、この合併、結果として〝三菱〟が〝三井〟に敗れたのかといえば、そうではなかった。歴史家・評論家の山路愛山(やまじあいざん)はいう。

「政府は共同運輸会社を起し、全国実業家の力を集めて三菱会社と抗争し、非常なる競争を試みたれども、三菱会社は最後まで戦(たたか)って屈せず、遂に政府部内に異論者を生じ、三菱退治の策略も中途にして頓挫し、両軍交綏(こうすい)(敵味方疲労して退陣すること)とは表向きの事、その実三菱会社の勝利に帰したるは、日本の現代史に於(お)いては最も著しき出来事にて、金権と政権とが始めて対立して戦ひたるものなり。されば井上(馨)、渋澤(ママ)(栄一)二君の始めたる金権政権分離の事業は、三菱会社の成立に至って始めて完結に達したりと云ふべし」

(『現代金権史』・筆者が適宜、常用漢字、現代仮名遣いに改めた)

当初こそ対等合併といいながら、社長が敵側から出たのだから、〝三菱〟が負けたようにみえたかもしれないが、同十八年十二月には〝三菱〟の古川泰二郎が日本郵船の社長となり、同じく近藤廉平がつづき、重役も確実に〝三菱〟が多数を占めることとなる。

「ああ、今や共同運輸が提供した六百万円の資本金は、三菱の思うがままということになったのである」（『東京経済雑誌』「三菱共同の競争」掲載の、田口卯吉の発言より）

――弥之助は後退しつつ、最終的勝利者となった。

だが、〝三菱〟の従業員五百十五名、船員千名余、船舶の大半は新会社に移り、これまでの〝海運三菱〟は陸へあがった河童のようになってしまう。

なにしろこのとき、〝三菱〟に残っていたものといえば、吉岡鉱山と付属の銅山（いずれも現・岡山県高梁市）、千川水道会社（東京・東京都水道局の前身の一つ）、高島炭鉱（長崎県・のち三菱高島炭鉱株式会社）、第百十九国立銀行（東京・のち解散吸収されて三菱銀行を経て、現・三菱ＵＦＪ銀行へ）、長崎造船所（長崎県・のち三菱重工業長崎造船所）の五つだけであった。

これらはいずれも、

「海のものとも山のものとも判らぬ小規模のもの」（『岩崎彌之助傳』）

と、当時、目されていた。

ところが、これらをもとに弥之助は、三菱財閥を形成していくことになる。ときに彼は、三十六歳（弥太郎が〝三菱〟を創業したのは、三十八歳のおり）。

新たに「三菱社」を興した弥之助は、〝陸の三菱〟へと大胆不敵な百八十度転換による、企業戦略を打ち出す。

彼には兄・弥太郎のような腕力的な強さ、ふてぶてしさはなかったが、兄が持たなかった学問の深淵（深いふち）を修め、海外留学の経験をもち、新しい時代の合理的経営については、独自の才覚をもっていた。

兄が幕末、がむしゃらに頑張ってくれたおかげで、弥之助は兄には与えられなかった、藩校「致道館」（その跡に建った高知県立陶冶学舎が、高知大学教育学部の源流）に学ぶ入学資格を手にすることができ、扶持米を一日六合もらえる給費生ともなった。

二十歳を前に明治維新の洗礼を受けた弥之助は、兄の商会設立に応じて大阪に出、兄の援助で学問をつづけ、明治五年にはアメリカ留学も果した（一年七ヵ月）。

父・弥次郎の死去にともない帰国した弥之助は、〝三菱〟で兄を助けて実務を担当する。結婚したのは、明治七年十一月のこと。弥之助は兄のもとで、商いのイロハを学んだ。

岳父の後藤象二郎から、多額の負債のある長崎の高島炭鉱を譲る、との話に乗ってしまい、兄に土佐犬が吠え、嚙みつくように叱られる、といった一幕も演じている。

「貴様共（弥之助）、象二郎の苦労（失敗）を我が社へ持ち込み、我等に苦労をかけざるよう注意肝心なり。〈中略〉我労し、我苦しみ、人の醜態を我引取り、人を安穏最高の（この上もないやすらかな）殿様に仕立おくは、我嫌いなり」（『岩崎彌之助傳』）

この弥太郎からの叱責は、明治十七年六月に政府から長崎造船局を貸し下げられ、ついで払い下げとなったときに、活用されている。

弥之助は兄が〝三菱〟に有利な条件を、国に飲ませたことを横で学んでいた。

弥之助が三菱地所に込めた精神

名経営者・弥之助を語るとき、忘れてはならないものに〝三菱〟の地所事業があった。日本郵船の発足にあたり、〝三菱〟は同社の株を五百万円分持っていたが、明治二十年（一八八七）四月に額面五十円が八十八円八十銭にあがったタイミングで、弥之助はその三分の一を売り、二百四十万円の大金を得、それを土地の投資にあてた。

とくに、東京・大阪・神戸の市街地を購入している。

なかでも後世、有名になったのが東京の丸の内であったろう。

もともと大名屋敷が並んでいたところであったが、明治初期の大火でことごとくが焼け、あとには兵営、軍隊の練兵場ができ、陸軍の調練に使われていた。

それが市区の改正で市街地となり、丸の内を整備することになった。動かす兵舎などの移転費用を、そのまま土地代に乗せたものだから、丸の内十三万五千坪の予定価格は百五十万円にもなってしまう。そのため、入札しても引き受け手が現われない。

政府は弥之助に、坪十一円十一銭という高値での買い取りをもちかける。

ちなみに、この頃、〝三菱〟の社員の初任給は三十五円ほどでしかなかった。

まさか買うまい、と思われた弥之助はこれを快諾し、〝三菱〟で一括購入する決断をくだす。明治二十三年のことである。

経済人たちは一斉に、この決断に首をひねった。ある人が、尋ねた。

「あんな広い原っぱを買って、どうするおつもりですか?」

すると弥之助は、

「竹でも植えて、虎でも飼いましょうか」

と、微笑(ほほえ)みながら答えたという。

もとより、これは冗談。彼の頭には、〝三菱〟の荘田平五郎がその頃、駐在していたロンドンにみられるような、近代的な市街を創ろうとの構想がすでにあった。

のちに、「一丁ロンドン」とも「三菱村」とも呼ばれる、丸の内のオフィス街が、ここからスタートする。明治二十七年六月、三菱一号館が落成した。二年後には、三号館までが完成。それに並行して東京府庁舎、東京商業会議所ができ、三菱館は十三号館まで増えていく。

一方で弥之助は、製紙、ガラス、保険、鉄道などの事業にも参画し、みごと〝三菱〟の多角経営に、弥太郎以上の成功を示す。彼は兄の長男・久弥を自らの後継者に定め、彼を宗家として立て、自らは分家の立場に退いた。

より正確を期せば、弥之助が〝三菱〟の社長に在職したのは、旧郵便汽船三菱会社時代の八ヵ月と、「三菱社」再興の八ヵ年——明治二十六年十二月までで、そのあと社長は久弥に譲られている。ときに彼は、二十九歳。叔父の弥之助は、四十二歳であった。

あまりに早い事業承継であったが、これは弥太郎の遺言に従ってのことであったようだ。弥太郎は後事を弥之助に託しつつ、次のようにいった。

「毛利輝元（戦国武将の毛利元就の直孫）を輔佐した小早川隆景（元就の三男・輝元の叔父）のごとく、久弥を護ってくれ」

弥之助は〝三菱〟再建に立ちあがったおり、久弥をアメリカのフィラデルフィアにある、ペンシルヴァニア大学の商科大学に留学させている（明治十九年五月）。

帰国後、かつての自分がそうであったように、弥之助は久弥を傍において、実地に彼を経営者として教導し、一方でこれまで〝三菱〟の創業の柱石として、重きをなしてきた川田小一郎を、円満退社させている（川田は弥之助より十五歳の年長）。

そのあと川田は、明治二十二年九月、第二代の日本銀行総裁に就任した。なるほど弥之助は、前述の小早川隆景と称すべき役割を務めたといえる。社長を退いて、新たに「監務（かんむ）」という役職をもうけて就任し、「社務の大綱に参与し、事業の大體（だいたい）を監督す」＝すなわち、社長の後見役をつとめた、

明治二十二年六月、帝国憲法が発布され、翌年七月、初めての衆議院議員の総選挙が施行され、十一月に第一回帝国議会が召集される。

この年の九月二十九日、弥之助は実業界代表の一人として、貴族院議員に勅選された。同じく、実業界から第一国立銀行頭取の渋沢栄一、日本銀行総裁の川田小一郎、日本郵船会社社長の森岡昌純、日本鉄道会社社長の奈良原繁（ならはらしげる）、前日本銀行総裁の富田鐵之助らが相次いで男爵となり、貴族院議員に勅選されている。

弥之助の守成と〃先見力〃

その後、弥之助は明治二十九年（一八九六）十一月、川田小一郎が急病で没し、ときの首相・松方正義の懇願により。後任の日本銀行総裁に就任した。

彼は日清・日露の両役の影響を受け、経営の難しい時期をも乗り切っている。

川田前総裁は和船の船頭、岩崎新総裁は汽船の船長のごとくである。前者は簡単な器械を使用し、自己の熟練と経験とによって、怒涛逆巻く大洋を乗切る豪快なる手腕があり、後者は気圧の高低を予測せんがためには、晴雨計を使用し、航路の方向を定めんがためには海図を携へ、羅針盤を所有せり。文明的思想を以って、経営をおこなふは、岩崎総裁である。（『岩崎彌之助傳』）

弥之助は日本が金本位制を実施した時期の日銀総裁であり、世界的な銀貨の変動からうける不利をまぬがれるべく、世界の潮流をよく読み、日清戦争で清国から得た償金を加え、それまでの銀貨兌換制を一気に改めた。巨額の外債募集がうまくいったのも、金本位制のおかげといえる。日本がロシアと戦うことができた、主因の一つであった。

しかし、大蔵大臣・松田正久と意見が衝突。弥之助は日銀総裁を辞職する。

このおり日本銀行理事の山本達雄を、弥之助は自らの後任に推薦した。山本は〝三菱〟の出身。ここに三代にわたって〝三菱〟が、日銀総裁を出すこととなった。

——秘話を一つ。

弥之助は、自らを苦しめた「共同運輸会社」との争いを、生涯忘れていなかった。もとをたどれば伊藤と大隈の政争であり、弥之助はこの両者をも和解させようと動いていた。

明治二十一年四月を以て黒田内閣が出現した。黒田内閣に於て注意すべきは松方、後藤の入閣により、隠然たる三菱内閣の形勢が成ったことである。明治初年以来の藩閥政府を三井内閣とすれば、明治二十一年の黒田内閣は、最初の三菱内閣であったと云ひ得る。(『岩崎彌之助傳』)

後藤象二郎が逓信大臣で入閣し、松方は大蔵大臣となっていた。世上ではこれを〝三菱内閣〟とみたが、弥之助はさらに大隈の政府復帰を企てる。

明治二十九年、弥之助に近いとされた松方が改めて、組閣を進める伊藤に入閣を誘われた。このおり松方は、大隈が一緒でなければ入閣せぬ、と頑張った。さしもの元老伊藤も大いに困惑し、彼の盟友井上などは猛反対。結局、伊藤は内閣を投げ出す。そして誕生したのが、松方と大隈の連立内閣であった。この〝松隈内閣〟を世上では、再び〝三菱内閣〟と評した。

こうして大隈重信の政府復帰はなった。弥之助の、長年の宿願達成であったといえる。その大隈が「忍耐克己」(『岩崎彌之助傳』所収)という、回想談にいう。

「守成の力は、全く彌(ママ)之助の忍耐不屈の精神に基づくのである」

と。また大隈は、

「三菱が四面皆敵囲に陥った時から、始終奮闘して鍛えあげた(弥之助の)精力、殊(こと)に自然に涵養された克己忍耐の美質は、年を経ると共に益々円熟して、実に天晴れなる模範的紳士を見るに至ったのである」

とも述べている。

「余が見たる岩崎男(男爵)は用意周密、意志堅固、事を処するや公平にして、善く人を識り、また他をして己れを知らしむるの才あり。常識非常に発達し、学理的に事業を為せる人なり。されば三菱の事業は令兄彌太郎の画策宜しきを得たるものありしには相違なきも、内に彌之助男のあるありて之を補ひ、之を輔くるなくんば、成功或は必すべからざるもの有りしならん」(「彌之助男と余の関係」・同右所収)
と述べたのは、かつての弥太郎の好敵手・渋沢栄一であった。
同じ伝記に、「彌之助の兵法」と題する一文が掲載されていた。
興味深いので、左にあげてみる。これは『実業之日本』の大正四年(一九一五)二月十五日号から転載したもので、談話の主は「猿面冠者」とあり、氏名は不詳のまま。

岩崎彌太郎は一世の英雄であるが、この人は勝つことのみを知って、時には負けることも必要であるといふことを知らなかった。或は知ってゐたかもしれぬが、さうするより仕方のない性質であった。然るに彌之助は、器量に於て或は彌太郎に及ばないであらうが、この人は時には負けて置くことも亦、必要だといふことを知っていた。(徳川)家康は小牧山で(豊臣)秀吉に勝った。もし勢に乗じて、さらに勝を求めたら、或はやられたかも知れぬが、ここは負けておくべきところと見たから講和をした。(織田)信長が殺された時に、毛利の兄弟は秀吉と和すべきか、和すべからざるかについて意見を異にした。兄の吉川元春は勝気一方の男だから、やっつけろといったが、弟の小早川隆景は、ここは負けておくべきところと見て、講和を主張した。彌之助には一寸（ちょっと）こういう珍しい資質があった。

明治四十一年三月二十五日、岩崎弥之助は上顎骨癌（じょうがくこつがん）のためにこの世を去った。享年五十八。このとき〝三菱〟は、すでに日本を代表する財閥として揺るぎもなかった。

令和九年（二〇二七）、三菱地所が手がける東京駅前の「トーチタワー」は、高さ三百九十メートル＝日本一となる予定だ。人々はその高さばかりに目を覆われがちだが、弥之助以来、「丸の内の大家」とも呼ばれてきた三菱地所は、戦後とくに、隣接する地域が再開発されるおり、すべての建物の地下を、つなげられるように設計をつづけてきたという。

丸の内エリアは、雨の日に地上から人が消える。

「トーチタワー」が完成すれば、大手町―日本橋間が地下でつながることになろう。

〝三菱〟は弥之助の先見力を、今に受けついでいるように思われる。

著者

加来耕三

（かく　こうぞう）

歴史家・作家。1958年、大阪市生まれ。奈良大学文学部史学科を卒業後、奈良大学文学部研究員を経て、現在は大学・企業の講師を務めながら、著作活動に勤しんでいる。『歴史研究』編集委員。内外情勢調査会講師。中小企業大学校講師。政経懇話会講師。主な著作に『幕末維新の師弟学』（淡交社）、『立花宗茂』（中公新書ラクレ）、『「気」の使い方』（さくら舎）、『歴史の失敗学』（日経BP）など多数。

表紙画・挿画

中村麻美

（なかむら　まみ）

画家・挿画家。三重県津市生まれ。三重県立津西高校、津田塾大学卒。画塾で作画の基礎を学ぶ。NHKBSニュースキャスター、絵本翻訳業を経て日本の心を伝えるメディアとして絵画を志す。書籍、雑誌、新聞などで歴史物の挿画を手がけ、岩絵の具の本画作品も制作。代表作に「陣中将軍図」（2020 公益財団法人日本武道館所蔵）。2020年、絵本「伝えたい日本のこころ」のドイツ語版がトリアー独日協会より出版。1986年度ミス日本グランプリ受賞。

渋沢栄一と明治の起業家たちに学ぶ

危機突破力

2021年3月8日　第1版第1刷発行

著　者	加来 耕三
表紙画・挿画	中村 麻美
発行者	伊藤 暢人
発　行	日経BP
発　売	日経BPマーケティング
	〒105-8308　東京都港区虎ノ門4-3-12
装丁・本文DTP	中川 英祐　中澤 愛子（Tripleline）
印刷・製本	大日本印刷株式会社

　ISBN978-4-296-10839-8